Pustertal

und seine Seitentäler
Herausragende Dolomiten

Eugen E. Hüsler und Manfred Kostner

GPX-Daten zum Download

www.kompass.de/gpx

Kostenloser Download der GPX-Daten der im Wanderführer enthaltenen Wandertouren. Mehr Informationen auf Seite 3.

AUTOREN

Eugen E. Hüsler; geb. 1944 in Zürich, lebt seit 1983 in Oberbayern; Publikation zahlreicher Reise- und Wanderführer, vor allem über die Schweiz und alpine Regionen. Kein Extremer, aber ein unermüdlicher „Erforscher" der Alpen. Hat über 100 Bücher veröffentlicht, darunter einige Standardwerke. Weitere KOMPASS-WF des Autors: 5733 Dolomiten 6, Sextener Dolomiten/Hochpustertal, 5734 Dolomiten 4, Abteital/Gadertal, 980 Dolomiten, Cortina d'Ampezzo

Manfred Kostner; geb. 1970, lebt in Percha im Pustertal, also in Sichtweite der Dolomiten. Die sind auch sein liebstes Bergrevier, das er wandernd und auf Klettersteigen erkundet. Stets dabei: seine Kamera.

VORWORT

Oft sind es ja Kontraste, die eine Landschaft besonders reizvoll erscheinen lassen: hier sanft geformt, dort felsigschroff. Das gilt in besonderem Maß fürs Pustertal, diese markante Alpenlängsfurche, die als breitwaldige Mulde zwei ganz unterschiedliche Regionen trennt: die aus Gneisen und Granit aufgebauten Bergketten der Zillertaler Alpen, der Pfunderer Berge und der Rieserfernergruppe und die Kalkzacken der Dolomiten. Mittendrin liegt Bruneck, und sein Hausberg, der Kronplatz, bietet den schönsten „ersten Blick" auf die gesamte Region, von der Wasserscheide des Toblacher Feldes bis hinunter zur Mühlbacher Klause, hinein und hinauf bis zum Zillertaler Hauptkamm und in weitem Bogen über die Wunderwelt der „Bleichen Berge".

Was für ein Wanderrevier, das von den grünen Fluren des Pustertals hinaufreicht bis ins Vorfeld der Gletscher, bis zu den Dolomitenzinnen! Da gibt's große Passwanderungen rund ums Ahrntal und in den Pfunderer Bergen, Gipfeltouren und Höhenwege in den Pragser und Sextener Dolomiten; wer's gemütlicher mag, unternimmt einen Hüttenbummel und erfreut sich bei einer Marende an den Schönheiten der Natur.

Wer das Pustertal und seine Berge wirklich kennen lernen will, muss sich zu Fuß aufmachen und die Natur erwandern, Schritt um Schritt. Viel Spaß wünschen Ihnen dabei

ORIENTIERUNG MIT GPS

Für Navigationsgeräte und Apps haben wir auf unserer Webseite alle Touren im GPX-Format zum Download bereitgestellt:

www.kompass.de/gpx

Hier findet man alle weiteren Informationen. Einfach das richtige Produkt auf der Seite auswählen, die Daten herunterladen und auf das Zielgerät oder in die gewünschte App importieren.

Mehrwert mit Spaßfaktor: Ob vorab zur Planung, als Sicherheit für unterwegs oder zum Erinnern und Archivieren der gegangenen Tour. Die digitale Wanderroute ist in vielerlei Hinsicht wertvoll. Ein Blick auf die Daten hilft, Neues zu entdecken und liefert Inspirationen für die nächsten Touren. Alle Wandertouren aus diesem Führer stehen im GPX-Format kompakt und genau zur Verfügung.

Was ist ein GPX-Track? GPX ist ein Datenformat für Geodaten. Das Wort GPS steht für Global Positioning System (Globales Positionsbestimmungssystem). Mit einem GPX-Track bekommt man die rote Linie, also den Wanderpfad, als geografische Koordinaten.

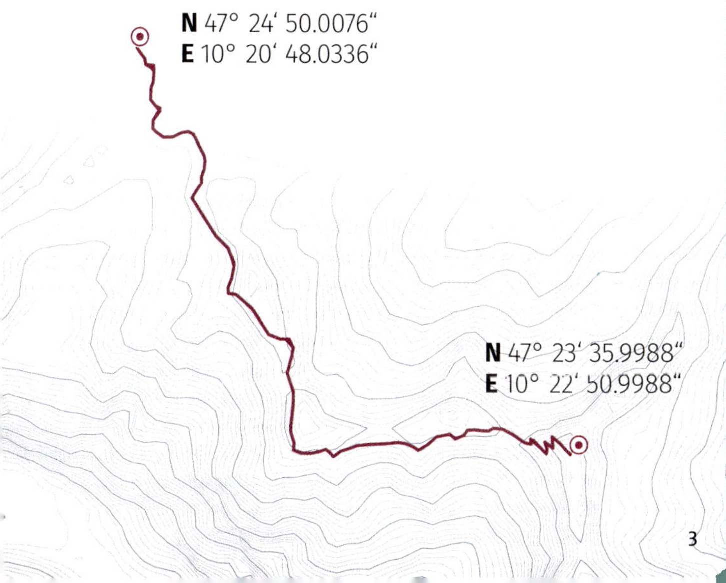

INHALT UND TOURENÜBERSICHT

AUFTAKT

Die Drei Zinnen.

ANHANG

km	h	hm	hm	P								Karte
17	7:15	1420	1420	✓			✓	✓			✓	44
18,5	7:00	660	1300	✓	✓	✓		✓			✓	56
22	8:30	1560	1560	✓			✓				✓	82
4,5	1:30	260	260	✓	✓							56
19	8:45	1570	1570	✓	✓		✓	✓			✓	56
13	3:30	320	320	✓	✓		✓		✓	✓	✓	56
10,5	4:00	820	820	✓				✓				56
11	3:45	650	650	✓			✓	✓			✓	56
8,5	2:30	200	200	✓	✓		✓		✓		✓	56
7	2:15	280	280	✓		✓	✓	✓			✓	57

Die Tiefrastenhütte Ende Mai – der Sommer ist nicht mehr weit.

INHALT UND TOURENÜBERSICHT

km	h	hm	hm	P								Karte
7	4:00	750	750	✓				✓				57
5,5	2:00	270	270	✓			✓				✓	57
12,5	5:30	1060	1060	✓			✓	✓				82
10,5	3:15	480	480	✓	✓		✓				✓	57
15	7:00	1470	1470	✓				✓			✓	82
19	7:15	980	980	✓			✓				✓	82
5,5	2:00	310	310	✓							✓	82
6,5	3:15	430	430	✓			✓					82
10,5	4:15	668	668	✓								82
10	3:15	740	740	✓	✓		✓				✓	82
17,5	7:15	860	860	✓	✓		✓				✓	82
18,5	7:30	1360	1360	✓			✓	✓				82
18,5	7:00	1250	1250	✓			✓					82
12	4:15	620	620	✓	✓		✓					82
7	3:00	570	570	✓		✓		✓				82
18,5	7:15	1390	1390	✓	✓		✓					82
12	6:30	1138	1138	✓				✓				82
14	4:45	889	889	✓	✓		✓					82
7	3:15	591	591	✓	✓		✓					82
15	5:15	1020	1020	✓	✓		✓					82
20	6:45	975	975	✓	✓		✓				✓	82
10,5	5:00	950	950	✓	✓			✓				82
13,5	6:15	920	920	✓			✓	✓				82
15,5	5:00	790	790	✓	✓		✓					50
16,5	5:30	736	736	✓	✓		✓					57

INHALT UND TOURENÜBERSICHT

km	h	hm	hm									Karte
19,5	8:00	1450	1450	✓	✓		✓	✓			✓	57
11	5:00	990	990	✓	✓			✓				57
15,5	5:30	890	890	✓	✓		✓					57
9	4:00	870	870	✓	✓			✓			✓	57
9,5	2:45	360	360	✓	✓		✓	✓			✓	57
15	5:00	710	550	✓	✓		✓					57
11	5:45	1060	1060	✓			✓	✓			✓	58
13,5	3:30	140	140	✓	✓		✓		✓	✓	✓	57
16,5	6:45	1190	1190	✓	✓			✓				57
13	5:45	1200	1200	✓	✓			✓				58
21,5	7:00	1220	1220	✓	✓		✓				✓	58
11	5:15	920	920	✓	✓			✓				57
10	5:45	1120	1120	✓				✓				57
9,5	3:15	370	370	✓	✓		✓				✓	58
13	6:45	550	930	✓	✓	✓	✓				✓	58
7	3:30	640	640	✓	✓	✓		✓				58
12	4:00	420	660	✓	✓	✓	✓				✓	58
18	7:30	1420	1420	✓			✓	✓			✓	58
14,5	6:00	1030	1030	✓			✓				✓	58
9	3:00	440	300	✓	✓						✓	58
15,5	4:45	590	1320	✓	✓	✓	✓	✓			✓	58
13	3:00	210	210	✓	✓		✓		✓		✓	58
18	6:45	1160	1160	✓	✓		✓				✓	58
18	6:45	690	1250	✓	✓	✓	✓				✓	58
16	5:15	790	790	✓	✓		✓				✓	58

GEBIETSÜBERSICHTSKARTE

Hohe Tauern
Glockenkarkopf 2913
Krimmler Tauern 2982
Vetta d'Italia
Heiliggeist-jöchl (2658)
Warnsdorfer H. (2669)
Großer Geiger 3360
Mullwitzkees
Maurer-Kees
Rauchkofel 3251
M.Fumo
Pratomagno Prastmann
Birnlücke (2633)
P.so dei Tauri
Rif. Tridentina Birnlücker H.
Dreiherrnspitze 3499
P.co dei Tre Signori
Defregger-H.
Weiß-Sp. 3300
Badener H.
Napfspitz 3193
C.maCadini
Fonte alla Roccia Trinkstein
Roßhuf 3199
Essen-Rostocker H.
Schlüssel-Sp. 2778
Hoher Eichham 3371
Säul-Sp. 3209
Bonn-Matreier H.
31
Casere Kasern (1595)
X-V
Predoi Prettau
Canova Neuhaus
Rif.Giogo Lungo Lenkjöchl-H.
Quirl 3251
Kristallkopf 3008
Allerheiligen-Kp.
S.Pietro St.Peter
27-30
Parco
P.zo Rosso di Predoi 3495 Rötspitze
Clara-H.
Gumpachfall
Bichl
Prägraten a. Großven.
Hinterbichl
Zu uns. lieben Frau
Raberstein
P.zo Cucchiaio 3132 Löffelspitze
Ahrntal
Vedrette
National-
Gabelspitze 3071
3156
Hohes Kreuz
Umbaltal
Welzelach
Virgen
Berger-Kg. 2656
Bergersee-H.
Isel
M.ga dei Dossi Knutten-Alm 1925
(2298) P.so di Gola
Klammljoch
Totenkar-Sp. 3133
park
Hohe Tauern
Dreieckspitze 3031
Triangolo di Riva
Seebach
Alples-Sp. 3149
Stadler-H.
Donnerstein 2723
22
23, 24
20, 21
Sasso Lungo di Collato Gr. Lenkstein 3236
Rif.Roma Hochgall-H. 2273
Fleischbachkees
Schwarzach
Oberhausalm
XI-V
Defereggental
Erlsbach
Ries
Rieserfernergruppe Vedrette di Ries
Barmer Hütte
Weitlahnwald
Staller Alm
Sankt Jakob in Defereggen
Sankt Veit in Defereggen
Leppetalalm
Blindisalm
3436
Collalto Hochgall
L.d.'Anterselva Antholzer See
Obersee
Stallersee-H.
Gsieser Törl (2205)
F.lla di Casies
Jesachalm
Brugger Alm
Hochwand 2730
Degenhorn 2946
Croda Nera Schwarze Wand 3106
Biathlonzentrum
32
Passo Stalle
Staller Sattel (2052)
urina
Anterselva di Mezzo
Antholzer Tal
Anterselva di Sopra Antholz Obertal
M.ga Pudio Pidigalm
Gsieser Tal
Defereggen Gebirge
2963
Weiße Sp.
Volkzeiner H.
Regensb.
Anterselva Mitterta
Antholz-Mittertal
2817
Croda Rossa Rote Wand
Unterstalleralm
Hochgrabe 2951
XI-V
Riepensp. 2774
Arntal
Stallerbach
Villa Dörfl
M.ga Campobove Ochsenfelder A.
S.ta Maddalena Vallalta St.Magdalena i.G.
34
Mooshof
Anterselva Sotto Antholz Niedertal
Rasun Anterselva
Taistner A.
Gabesitten 2665
Rasen Antholz
12%
Val di Anterselva
Valle di Casies
Pidigbach
S.Martino in Casies St.Martin i. Gsies
Kärlsspitze 2612
Liperalm
Innervillgraten
Bichler
Winkeltal
Winkeltalbach
M.Novale di fuori Eisatz 2493
Kalkstein
Villgratental
Ruschletalm
Rauchk.
Rasun di Sopra Ob.Rasen
Rasun di Sotto Nd.-Rasen
Prati di Tesido Wiesen
Planca di Sopra Oberplanken
2663
C.no di Fana Pfannhorn
Markinkele 2546
Außervillgraten
33
Tesido Taisten
Planca di Sotto Unterplanken
42
Kurterhof
X-VIII
Pausa Alta
Hochrast 2436
Heinfels
Tessenberg
di Mezzo Mitter-
49
41
Monguelfo-Tesido Welsberg-Taisten
Monterota Radsbg.
S.Silvestro St.Silvester
Sillian
di Sopra Ober-
Novale Ried
Valle S.Silvestro Wahlen
Prato alla Drava Winnebach
Kockberg
100
Dobbiaco Toblach
Sella di Dobbiaco (1170)
51
S.Candido Innichen
Arnbach
Rabland
di Pervalle Bergfall
Untergasse
43
E66
Drau
Erlach
Hollbruck
Vallone Pflung
Bagni di Pian di Maia Bad Maistatt
52, 55
12%
S.Vito St.Veit
Braies di dentro Innerprags
Ferrara Schmieden
18%
Sesto Sexten
Helm-H. (2433)
M.Elmo Helm 2433
Sillian-H.
35
Braies Prags
Bagni di Braies vecchia Bad Altprags
44
Parco Naturale
56
57
52
Kaser
36, 37
L. di Braies/ Pragser Wildsee
L. Dobbiaco Toblacher See
Ruine Schmieden
Croda dei Baranci Birkenkofel 2943
53, 54
S.Giuseppe Moos
60
2580
Eisenreich 2665
Pian di Mazzes Matzenboden
Seekofel Croda d.Becco 2810
Tre Cime
Rif.Tre Scarperi Dreischuster-H.
Bagni di S.Giuseppe Bad Moos
3152
C.maTre Scarperi Dreischustersp.
Sextental
Sextenbach
59
Ponticello Brückele
Wildbach
Val Landro Höhlensteintal
Rif.Biella Seekofel-H. 2300
38, 39
40
51
Grande Giro delle Dolomiti
Naturpark
58
1915 Campo Fiscalino Fischleinboden
P.so di M.Croce di Comelico Kreuzberg-Pass (1636)
Rif.Sennes Sennes-H. 2126
Prato Piazza Plätzwiesen 1993
45
Drei Zinnen
Rif.Locatelli Drei-Zinnen-H.
Landro Höhlenstein
3092 C.ma Undici Elferkofel
Rif.Sala
Bagni di Valgrande
Padola
1548
L. di Landro Dürrensee
Tre Cime di Lavaredo Drei Zinnen
Rif.Comici Zsigmondy-H.
Rif.Berti
Croda Rossa Hohe Gaisl 3139
46, 47
M.ga Ra Stua
1688
Cimabanche Im Gemärk (1529)
Carbonin Schluderbach
Rif.Maggiore
2998
Rif. Lavaredo
3094
Croda d.Toni Zwölferkofel
Strada delle Dolomiti Carniche
Rif.Fanes Fanes H.
Ospitale
6%
Rif. Bosi
Rif. Auronzo
49
8%
Pàdola
(2172)
Parco
S.Uberto
11%
48bis
XI-V
16%
Croda di Ligonto 2794
Dosoledo
28%
Podestagno
48
19%
Pie d.Palla
14%
Col S.Angelo (1756)
X-V
Dolomiti
51
V. Grande
Som Forca
3216 M.Cristallo
2839
Gr.po d.Cadini
Giralba
Travenanzes
d'Ampezzo
2113
11%
Misurina
C.se Orsolina
S.Antonio
Tofana di mezzo
15%
10%
Reane
P. del Zovo
Chiave
48
50
Stabingrande
Auronzo di Cadore
XII-III
Ansiei

DAS GEBIET

„Wer das erste Mal in das Pustertal kommt, dem fällt eines auf: der Wald. Der große, urtümliche Wald, der alle Bergflanken bis hoch hinauf bedeckt und nur ein paar Bauernhöfen da und dort Platz macht…“
Das schrieb Paul Tschurtschenthaler vor siebzig Jahren und diesen Eindruck gewinnt auch der Reisende unserer Tage. Nicht zufällig wird diese mächtige Alpenlängsfurche oft als „grünes Tal“ bezeichnet. Es setzt sich – eine geographische Kuriosität, die aus der Historie zu erklären ist – über die Wasserscheide am Toblacher Feld (1212 m) nach Osttirol fort, wird also gleichzeitig über die Rienz in die Adria und über die Drau ins Schwarze Meer entwässert. Die Quellbäche beider Flüsse liegen im Norden und im Süden, sie entspringen am Alpenhauptkamm und in den Dolomiten.

KOMPASS INFO

Lage: Die Südtiroler Region Pustertal erstreckt sich vom Zillertaler Hauptkamm bis zu den Dolomiten, von der Mühlbacher Klause im Westen über die Wasserscheide am Toblacher Feld bis zur österreichischen Grenze vor Sillian.
Gebirgsgruppen: Pfunderer Berge, Zillertaler Alpen, Durreckgruppe, Rieserfernergruppe, Villgratner Berge, Pragser Dolomiten, Fanesmassiv, Sextener Dolomiten, Karnischer Hauptkamm.
Fläche: ca. 2800 km^2.
Höchster Punkt: Hochfeiler (3510 m).
Tiefster Punkt: Rienz bei Mühlbach (695 m).
Bekannteste Gipfel: Hochfeiler (3510 m), Großer Löffler (3378 m), Dreiherrnspitze (3499 m), Hochgall (3436 m), Kronplatz (2273 m), Drei Zinnen (2999 m), Zwölferkofel (3094 m), Helm (2434 m).
Wichtigste Ortschaften: Bruneck, Sand in Taufers, Olang, Welsberg, Toblach, Innichen, Sexten.

Geographie, Geologie

Zillertaler Alpen, Pfunderer Berge und Rieserfernergruppe auf der einen, die Dolomiten auf der anderen Seite flankieren das Pustertal, bilden zwei ganz unterschiedliche Gebirgsräume, zusammen mit dem Haupttal einen Südtiroler Landstrich von einzigartiger Vielfalt. „Schuld“ daran sind die geologischen Verhältnisse: Das Pustertal bildet – grob gesehen – die Grenze zwischen Zentral- und Südalpen. Das äußert sich in den ganz unterschiedlichen Formen und Farben der dominierenden Gesteine. Nördlich der Rienz sind das Gneise, Granit und Schiefer, südlich davon ist es vor allem Dolomit, also Kalkgestein, das zu bizarren Formen verwittert.
Während die Rieserfernergruppe und der Zillertaler Hauptkamm für die Zentralalpen typische hohe, oft zersplitterte Grate bilden, zeigen die Dolomiten ein ganz anderes Bild: senkrechte Wände, bizarre Türme, dazwischen oft Karstplateaus, auch Hochalmen. Am schönsten lassen sich diese Kontraste vom Gipfel des Kronplatzes aus betrachten; da zeigt sich fast auf einen Blick die ganze Vielfalt dieser Alpenregion, vom Zentralkamm der Zillertaler Alpen mit seinen firnbedeckten Dreitau-

Am Westgrat des Piz da Peres, rechts der grüne Kronplatz.

sendern bis tief hinein ins Reich der „Bleichen Berge“.
Das Pustertal, eine Landschaft mit vielen Gesichtern. Die höchsten, durchwegs vergletscherten Gipfel stehen im Norden (Hochfeiler, 3510 m; Hochgall, 3436 m), die berühmtesten Zacken im Südosten in den Sextener Dolomiten.

Drei Zinnen

In ihren Wänden wurde Alpingeschichte geschrieben, ihr Profil ist in der ganzen Welt bekannt – einzigartig, unvergleichlich. Erstbestiegen wurden die Zinnen in der zweiten Hälfte des 19. Jahrhunderts, alle drei von Mitgliedern der aus Sexten stammenden Bergführerdynastie Innerkofler: 1869 stand Franz Innerkofler mit Paul Grohmann und Peter Salcher auf der Großen Zinne (2999 m), zehn Jahre später bestiegen Michael Innerkofler und Georg Ploner die Westliche Zinne (2973 m) – nur die Kleine Zinne (2857 m) widerstand noch. Auch der Innerkofler hatte seine Zweifel („Ja, wenn’st Fügel hätt’st!“), doch er räumte sie auch gleich weg: 1881 fand der „Michl“, begleitet von seinem Bruder Johann, einen Weg zum Gipfel.
Ein halbes Jahrhundert später rückten dann die Nordwände ins Zentrum des alpinistischen Interesses; 1933 gelang Emilio Comici zusammen mit den Brüdern Angelo und Giuseppe Dimai das scheinbar Unmögliche. Ihre Route durch die Nordwand der Großen Zinne wird mit dem Schwierigkeitsgrad VI bewertet, der lange Zeit als Maß aller (bergsteigerischen) Dinge galt.
Mittlerweile sind die besten Kletterprofis in ganz andere Dimensionen vorgestoßen: Alexander Hubers Rou-

Dürrenstein vom Sarlriedl.

te „Bellavista" (2002) verläuft über das Riesendach der Westlichen Zinne: Schwierigkeitsgrad XI!

Geschichtliches

Das Pustertal ist uralter Kulturboden, wie verschiedene Funde, vor allem aus der weiteren Umgebung Brunecks, belegen. Ein Steinbeil, im unteren Antholzer Tal entdeckt, wird von der Wissenschaft in die Jungsteinzeit datiert; reiches prähistorisches Material lieferte der Sonnenburger Hügel bei St. Lorenzen. In der Römerzeit führte eine Straße durchs Tal, von Aguntum (Lienz) zum Brenner; bei St. Lorenzen bestand ein Militärlager (Sebatum). Später siedelten im Pustertal slawische Stämme; sie mussten nach langen Kämpfen den vorstoßenden Bajuwaren weichen. Um die Kolonisierung (und Christianisierung) zu festigen, gründete Herzog Tassilo III. 769 in Innichen eine Benediktinerabtei. An die Zeit der Slawen erinnern heute die sogenannten Heuharfen, hohe Holzgestelle, an denen Gras und Getreide zum Trocknen aufgehängt wird.

Mitte des 13. Jahrhunderts wurde die Stadt Bruneck gegründet, heute das wirtschaftliche Zentrum des Pustertals. Sie erlebte in ihrer Geschichte, wie auch das gesamte Tal, immer wieder Rückschläge, wurde wiederholt in kriegerische Auseinandersetzungen verwickelt, so beim Streit zwischen Herzog Sigismund und dem Brixner Kardinal Nikolaus Cusanus (15. Jh.) und während des Tiroler Freiheitskampfes (1809). Im 19. Jahrhundert brachte der aufkommende Tourismus dem Tal eine Zeit der wirtschaftlichen Blüte; 1871 wurde die Bahnlinie Franzensfeste (Brennerstrecke) – Lienz – Villach

eröffnet. So konnte die Hautevolée bequem im Salonwagen ins Grand-Hôtel Toblach reisen. Zu den Gästen des Hauses zählten König August von Sachsen, König Albert I. von Belgien, König Milan I. von Serbien und die Barone Rothschild.
Mit dem Ausbruch des Ersten Weltkriegs endete diese Epoche abrupt.

Krieg in den Bergen
Wer heute wandernd in den Sextener Dolomiten unterwegs ist, kann – auch mehr als drei Generationen nach Kriegsende – die Spuren des „Grande Guerra" nicht übersehen. Die Front verlief 1915–1917 südlich des Pustertals quer durch die Dolomiten, über Täler und Gipfel, im östlichsten Abschnitt vom schwer umkämpften Monte Piana (heute Freilichtmuseum) zu den Drei Zinnen und über den Elferkofel zum Karnischen Hauptkamm. Allenthalben stößt man noch auf Relikte dieser schrecklichen Zeit, Schützengräben, Stollen, Kavernen, verfallene Unterkünfte. Und mancher der heute säuberlich markierten Wanderwege entstand damals, führte vielleicht direkt an die Front, wo sich Kaiserjäger und Alpini gegenüberstanden. Auch der berühmte „Alpinisteig" am Elferkofel hat unheilige Väter, und am Plateauberg Monte Piana haben die Dolomitenfreunde im ehemaligen

Die Rieserfernergruppe über dem Mühlbachtal.

Almbauernidylle? Das sieht eher nach Arbeit aus.

Frontgelände ein großes Freilichtmuseum angelegt.

Blumenwelt

Große Berge – kleine Sehenswürdigkeiten. Ob all der alpinen Pracht rundum dürfen die kleinen Farbtupfer links und rechts des Weges nicht übersehen werden: Blumen. Da blüht es von Juni bis August so üppig wie artenreich, vor allem in den Dolomiten. In lichten Wäldern stehen Türkenbund und Feuerlilie; aus winzigen Felsspalten wächst die seltene Schopf-Teufelskralle, auf den Almwiesen duftet das Kohlröschen. Und dass die weißen, pelzigen Sterne der Edelweiß in der Natur weit schöner anzuschauen sind als am Tirolerhut, dürfte sich inzwischen auch fern der Alpen im flachen Land herumgesprochen haben. Grundsätzlich gilt (und nicht nur in Schutzgebieten!): anschauen, sich freuen, vielleicht auch fotografieren – aber bitte nicht pflücken!

Naturparks

Im Bereich des Pustertals und seiner Berge gibt es drei große Naturparks, daneben auch einige kleine Schutzzonen wie beispielsweise das Biotop „Rasner Möser" im Antholzer Tal. Von den drei Parks liegt einer im Norden (Rieserferner – Ahrn), zwei befinden sich in den Dolomiten (Drei Zinnen, Fanes – Sennes – Prags).

Innerhalb des Parkareals (gesamt etwa 450 km^2) gelten besondere Schutzbestimmungen. Unter anderem verboten sind das wilde Campen, das Pflücken von Pflanzen und das Pilzesammeln.

In den örtlichen Tourismusbüros liegen Broschüren auf, die über alle Aspekte des Parks informieren (Geologie, Flora, Fauna). Im Sommer werden geführte Parkwanderungen angeboten.

SCHWIERIGKEITSGRADE

■ LEICHT
In der Regel gut angelegte und gut markierte (Berg-)Wege ohne echte Gefahrenstellen, die jedermann begehen kann. Das schließt aber kurze, kräftige Steigungen nicht aus. Auch für alpine Anfänger geeignet.

■ MITTEL
Wege und Steige in felsigem, hochalpinem Gelände, die teils mit Leitern und Drahtseilen versehen sind. Ein Mindestmaß an alpiner Erfahrung, Trittsicherheit und vor allem festes Schuhwerk sollten nicht fehlen.

■ SCHWER
Anspruchsvolle, z. T. auch recht lange Bergtouren mit teils ausgesetzten und auch gefährlichen Stellen. Kondition, Schwindelfreiheit sowie Trittsicherheit sind ebenso notwendig wie die richtige Ausrüstung.

HINWEIS
Gehzeiten und Schwierigkeitsbewertungen können nur Richtwerte sein. Objektive Faktoren wie das Wetter und individuelle Voraussetzungen gilt es zu berücksichtigen!

KLETTERSTEIGE
Die Dolomiten sind ein Dorado für Klettersteiggeher. Einige der Vie Ferrate im (Hoch-)Pustertal werden in diesem Führer vorgestellt. Ausgeklammert bleiben die anspruchsvollen Routen, für diese gibt es Spezialliteratur.

EINKEHRMÖGLICHKEITEN

Das Einkehrsymbol bezieht sich auf Einkehrmöglichkeiten unterwegs. Da sich die Öffnungszeiten saisonal und regional sehr unterscheiden, sollten Sie sich vorab über Übernachtungs- und Einkehrmöglichkeiten informieren. Infos S. 216ff.

MEINE LIEBLINGSTOUR

Über die Pragser Hochalm

Kontraste machen eine Wanderung besonders spannend. Und davon bietet die Runde über die Pragser Hochalm gleich mehrere.
Das Auftaktbild liefert der Wildsee, in dessen Wassern sich die Felsgestalt des Seekofels spiegelt. Der Weiterweg zu den Hochalmhütten vermittelt herrliche Einblicke in die von Geröllreißen geprägten Gipfel über dem Grünwaldtal; die Hochalm selbst, von keiner Seite einsehbar, ist eine Bergidylle par excellence.

Pferdehimmel über dem Grünwaldtal: die Hochalm.

UNSERE HIGHLIGHTS

1

2

3

1: Ein Wanderziel für (fast) alle Jahreszeiten: das Astjoch; nicht überlaufen und mit urigen Einkehren unterwegs. → Tour 8, Seite 43

2: Die schönste Runde auf der Rieserferner-Nordseite: der „Arthur-Hartdegen-Weg" über dem Bachertal. → Tour 21, Seite 83

3: Der „Lausitzer Höhenweg": die große Promenade am Zillertaler Hauptkamm. → Tour 31, Seite 116

4: Den Drei Zinnen kann man sich von allen Seiten nähern, auf vielbegangenen, aber auch auf stillen Wegen. → Touren 46, 49, 50, 54, 58

5: Spektakuläre Dolomitenbilder vermittelt der im I. Weltkrieg angelegte „Alpinisteig". → Tour 59, Seite 206

4

5

WILDE KREUZSPITZE • 3132 m

Auf den höchsten Gipfel der Pfunderer Berge

17 km | 7:15 h | 1420 hm | 1420 hm | 44

START | Parkplatz (ca. 1720 m) knapp vor der Fanealm, 5 km von Vals. Mitte Juli bis Mitte August ist die Zufahrt 9–17 Uhr bergwärts gesperrt (dann Shuttlebus); zu Fuß vom Parkplatz hinter Vals knapp 1 Std. bis zur Fanealm, am schönsten über den „Milchsteig". [GPS: UTM Zone 32 x: 699.660 m y: 5.195.610 m]
CHARAKTER | Hochalpine Gipfelüberschreitung auf teilweise rauen Wegen; Trittsicherheit und Ausdauer unerlässlich, Abstieg bei Nässe unangenehm rutschig. Lohnend ist auch die Wanderung zum Wilden See (2532 m), hin und zurück 4:30 Std.

Hoch ist sie und „wild" soll sie sein, die Kreuzspitze; das könnte so manche/n abschrecken. Doch keine Angst, wer über einen sicheren Tritt und eine gute Kondition verfügt, darf sich eine Besteigung des höchsten Gipfels der Pfunderer Berge durchaus zutrauen – bei gutem Wetter. Dann bietet der Dreitausender auch ein großes, an Kontrastbildern reiches Panorama. Im Norden stehen die vergletscherten Dreitausender des Zillertaler Hauptkamms, am südlichen Horizont reihen sich Dolomitenzacken aneinander, fern im Westen blinken die Gletscher von Adamello, Ortler und Ötztaler Alpen, und über dem Dunst des Südtiroler Unterlands sind sogar ein paar Höhenzüge der Gardaseeberge auszumachen.

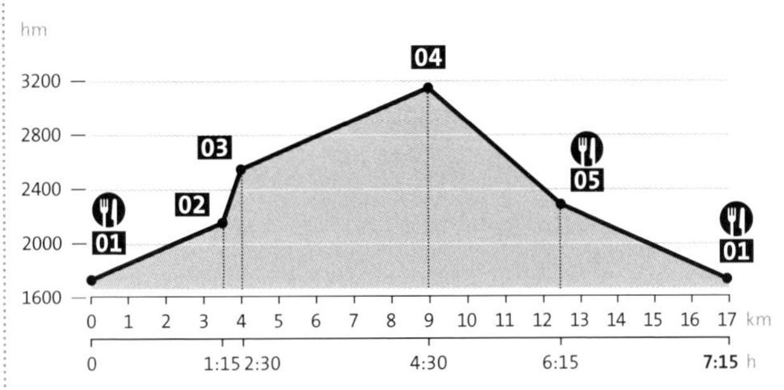

01 Parkplatz Fanealm, 1720 m; **02** Labesebenalm, 2138 m; **03** Wilder See, 2532 m; **04** Wilde Kreuzspitze, 3132 m; **05** Brixner Hütte, 2270 m

Herbstschnee am Gipfel der Wilden Kreuzspitze.

▶ Der Anstieg beginnt auf einer Sandstraße, führt von der idyllischen **Fanealm** 01 (1739 m) in die wilde Klamm der Schramme, dahinter links ins weiträumige Almrevier des Seebachs.

An der **Labesebenalm** 02 (2138 m) endet die breite Piste; ein sehr gut markierter Weg führt weiter ins Talinnere, dann über einen grasigen Hang schräg bergan. An der Verzweigung unter der Gansörscharte hält man sich rechts und folgt der Spur, die an der recht abschüssigen Seeleite (Vorsicht!) entlang zum **Wilden See** 03 (2532 m) führt.

Von seinem Westufer kurz hinauf zum „Pfunderer Höhenweg", der vom nahen Sengesjöchl herüberkommt. Mit ihm nur ganz kurz bis zur nächsten Gabelung: hier links durch einen steinigen Graben hinauf ins Karjöchl (2917 m). Aus der Scharte über Geröll und leichte Schrofen zur **Wilden Kreuzspitze** 04 (3132 m). Vom Gipfel leitet eine deutliche Spur über die Südostflanke der Wilden Kreuzspitze hinab ins Rauhtaljoch (2808 m).

Nun weiter den Markierungen folgend durch das Rauhtal (das seinen Namen durchaus verdient!) abwärts. Unter den Geröllmassen versteckt sich hier ein winziger (aber ungefährlicher) Gletscherrest. In steilen Kehren steigt der Weg ab in den weiten Boden der Pfannalm, biegt dann im Flachen nach Süden ab. Bald

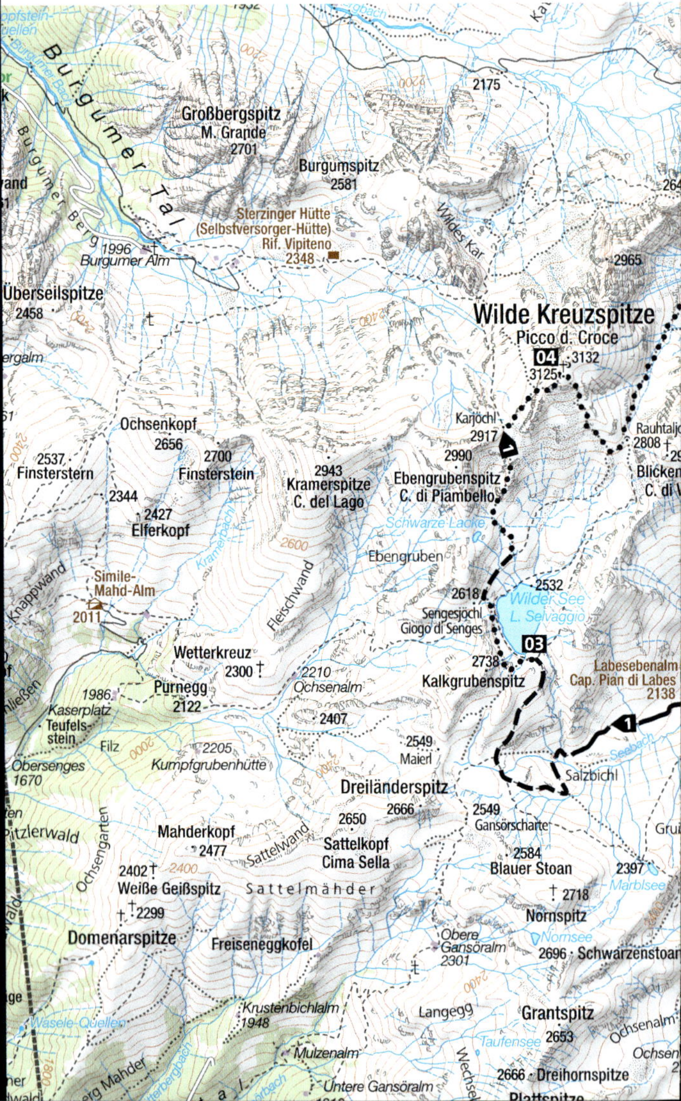

schon kommt die 1973 erbaute **Brixner Hütte** **05** (2270 m) in Sicht; von ihrer Terrasse geht der Blick übers Valser Tal bis zum fernen Zackenprofil des Langkofels. Der weitere Abstieg führt über die Pfannalm (2141 m) hinunter zur Schramme, wo man auf den Anstiegsweg stößt. Auf ihm zurück zur **Fanealm** **01**.

2

SEEFELDSEEN UND SEEFELDSPITZE • 2715 m

Bergseen und Seeberge

18,5 km | 7:00 h | 660 hm | 1300 hm | 56

START | Bergstation der Gitsch-Seilbahn auf der Gaisraste (2058 m); ihre Talstation in Meransen erreicht man von Mühlbach (Bahnhof) über eine gute Serpentinenstraße.
[GPS: UTM Zone 32 x: 703.230 m y: 5.188.880 m]
CHARAKTER | Ausgedehnte Höhen- und Gipfelwanderung, die Ausdauer verlangt; am „Schellebergsteig" gesicherte, teilweise etwas ausgesetzte Passagen. Liegen in der Steilflanke Schneereste, ist von einer Begehung dringend abzuraten!

Ein spannender Hangweg, ein zwischen steilen Felsen versteckter Fjord, zwei weitere Bergseen und ein schöner Gipfel: genug für einen ausgefüllten Bergtag. Kürzer, aber ebenfalls lohnend ist die Tour, wenn man den Gipfel auslässt und vom Großen Seefeldsee direkt ins Altfasstal absteigt.

Die Wanderung startet gemütlich, führt von der **Seilbahnstation** 01 (2058 m) zunächst ohne Höhengewinn, aber mit hübschen Ausblicken zur Zassler Hütte, dann auf einer Sandstraße mäßig steil bergan zum Ochsenboden. Dahinter geht's kurz abwärts zur **Weißalm** 02 (2177 m), wo der

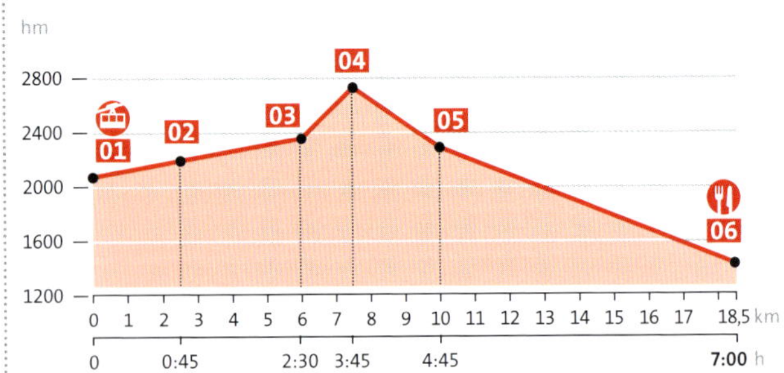

01 Gitsch-Seilbahn, 2058 m; 02 Weißalm, 2177 m; 03 Seefeldalm, 2340 m; 04 Seefeldspitze, 2715 m; 05 Großer Seefeldsee, 2271 m; 06 Meransen, 1414 m

2574
Steinbergscharte
(Tschiffernaunjoch)
04
Seefeld-
spitze
2715
Bretterspitz
C. di S. Paolo
2695
Tagweide
Trametsch
1773
Moarwiese
Paulscharte
2579
Kleiner See
Lago Piccolo
2645
Korspitz
2610
Steinbruch
Tschiffernaun
2698
Mittlerer See
L. di Mezzo
Rauchbachspitz
Gaiskofel
2118
Astholzalm
1723
Ameisgarte
Oberkircher-
alm
1843
Seebergalm
Wieserkragen
2619
Seefeld-
alm
03
2445
Furkelscharte
Forc. d'Altafossa
2531
Seefeldscharte
2520
2114
Stinalm
2564
Fensterlekofl
Gr. See
Seefeldsee
Lago Grande
05
2271
Schellenberg
Gschnitzer
Sauegge
Kurzkofel
2591
Fallmetzer
M. Val di Mezzo
2568
Falzoa
Steinwand
2297
Feldspitz
2581
Wieserhütte
1850
1833
Pranter
Stadelhütte
Gurnatsch
Gaisjoch
C. della Capra
2641
2259
Falzarer Joch
02
Weißalm
2177
Ob. Felderalm
Lofaie
2057
2510
Gitsch
M. Cuzzo
Walderjochalm
2155
2440
1771
Asmolalm
Val d'Altafossa
Altfassbach
Endereckeralm
2121
Kofler Alm
2262
Kleingitsch
Lärchwiesen
Zasslerhütte
2064
Gitschhütte
2210
Felderalm
1698
Gurnatsch
Lärchwiesen
1660
Kleinberg
2114
Kofleralm
Wiederschwinge
2058
Rumaul
Pichlerhütte
1918
Nesselwiesen
01
Bergrest.
Gitschberg
2041
Schwont
1785
Großberghütte
1644
Moserhütte
1936
Bacherhütte
1744
Altfasstal
Gampen
Gassleralm
1755
Nessel-
wald
Kiener Alm
1748
1741
Kiener Scharte
Forcella di Kie
Stollwiese
Tanne
Sägenkreuz
1681
Grabenkreuz
1695
Gasteiger Wald
1725
Stollwald
Enderegger Wald
Scharterlucke
Obersergs
Serga di Sopra
Ritzailer
Wieser
Greiteneck
1682
Möserwald
1478
Pichler-
mühle
Solderer
Scharter
Kaufmann
Mitter-
eggen
1483
Scheider
Felder
Oberegger
06
Erika
Pitzner
Köfler
Walder
Höfe
Staubecken
Serbatoia
Winkler
Moser
Enderegge
Holzer
Burgstall
0
500 m
Brunner
ehem.
Badwirt
Hot. Kristall
Hermhof
1175
Außereggen
1457
Untermüller
Huber
Ort-
hammer

Der Große Seefeldsee.

„Schellebergsteig“ beginnt. Er steigt über einen felsdurchsetzten Hang an und quert dann – in etwa die Höhe haltend – die abschüssige Westflanke des Fallmetzers (2568 m). Bei der Traverse mehrerer Steilrinnen (Drahtseile) ist besondere Vorsicht angezeigt. Zuletzt steigt der Weg an zu einer markanten Geländeschulter (2380 m) über dem Großen Seefeldsee (2271 m). Hier wird der Blick frei auf die eigenartige, von tiefen Gräben durchzogene Buckellandschaft unter der Seefeldspitze. In der innersten Talmulde liegen der Mittlere und der Kleine Seefeldsee (2514 m). Der markierte Gipfelweg tangiert beide; er steigt von der **Seefeldalm** **03** (2340 m) an zu den Bergseen und leitet dann links haltend über Wiesenhänge zur **Seefeldspitze** **04** (2715 m) mit schöner, nur nach Norden etwas eingeschränkter Rundschau.

Der Abstieg führt zunächst auf dem Anstiegsweg zurück zur Seefeldalm, dann durch eine kleine Klamm weiter zum **Großen Seefeldsee** **05**.

Vom Südufer auf breitem Weg an steiler Berglehne hinunter ins Altfasstal. Von der Wieserhütte wandert man auf einer Sandstraße zurück nach **Meransen** **06** (1414 m).

Gitsch

Eine bemerkenswerte Aussicht auf viele Südtiroler Bergketten bietet der Gitschberg (2510 m), 1:30 Std. von der Bergstation der Gitsch-Seilbahn. Seine Besteigung lässt sich auch gut mit der Tour zu den Seefeldseen verbinden; über den schrofigen Nordgrat leitet eine Pfadspur hinab ins Falzarer Joch (2259 m). Westlich unterhalb stößt man auf den „Schellebergsteig“.

AM „PFUNDERER HÖHENWEG“

Über hohe Scharten im innersten Pfunderer Tal

22 km | 8:30 h | 1560 hm | 1560 hm | 82

START | Wanderparkplatz bei den Häusern von Dun (ca. 1450 m), knapp 5 km von Pfunders. Pfunders erreicht man von Niedervintl über eine gute Talstraße.
[GPS: UTM Zone 32 x: 704.615 m y: 5.199.196 m]
CHARAKTER | Große Wanderrunde im Herzen der Pfunderer Berge mit längeren weglosen Abschnitten (Blockwerk, Geröll) und ein paar gesicherten Passagen. Nur für ausdauernde, erfahrene Berggänger; Zwischenabstieg vom Brenninger-Biwak möglich. „Pfunderer Höhenweg“ durchgehend mit rot-weißer Kreismarkierung.

Da liegt das Wortspiel nahe: eine Pfundstour. Das stimmt zwar, kommt der Wirklichkeit aber nur bedingt nahe, denn die große Runde im Herzen der Pfunderer Berge ist noch mehr: eine Wanderung in die Einsamkeit, zu versteckten Karmulden und hohen Scharten. Hier sind Gämse und Murmeltier heimisch, kreist der Steinadler über den dunklen Graten: Natur pur. Wenn dann – endlich! – über dem Eisbruggsee die Edelrauthütte auftaucht, ist das fast schon eine Rückkehr in die Zivilisation. Insgesamt eine Tour mit ganz starken Eindrücken, quer durch eine Hochgebirgslandschaft „namenloser“ Berge.

Vom **Parkplatz** 01 (ca. 1450 m) geht's zunächst auf einer Sandstraße in die malerische Duner Klamm.

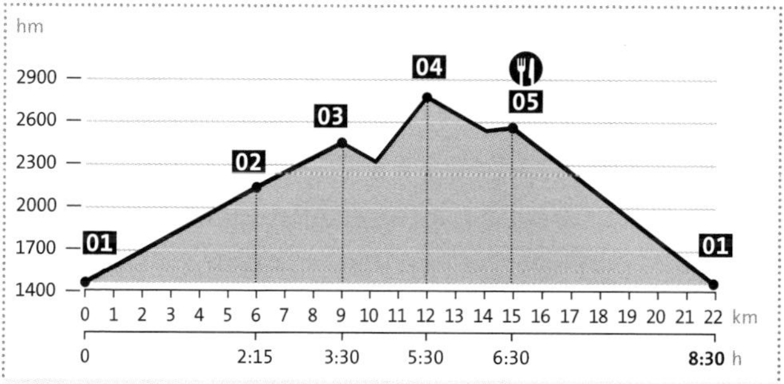

01 Parkplatz Dun, 1450 m; 02 Obere Engbergalm, 2123 m; 03 Dannelscharte, 2437 m; 04 Gaisscharte, 2760 m; 05 Edelrauthütte, 2545 m

Einsame Höhenroute vor großer Kulisse: der „Pfunderer Höhenweg".

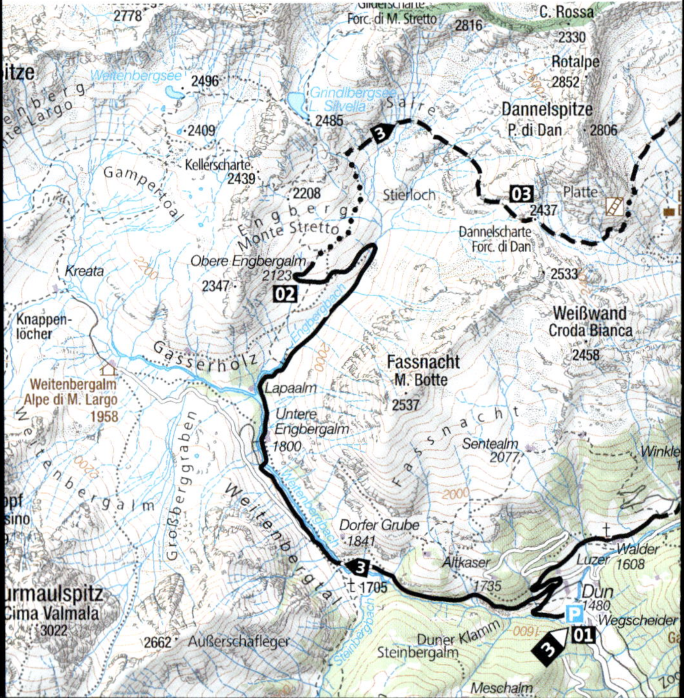

Bei der Unteren Engbergalm überquert man den Weitenbergbach, wenig weiter dann den Engbergbach nach links. Weiter auf der nur mäßig steilen Fahrspur hinauf zur **Oberen Engbergalm** **02** (2123 m), wo die Straße endet. Nun über offenes Almgelände hinauf zum „Pfunderer Höhenweg“. Mit ihm in weitem Rechtsbogen in die **Dannelscharte** **03** (2437 m). Jenseits des Jochs leiten die Markierungen über Wiesen bergab, ehe man links über abschüssige Hänge (Drahtseile) in das weite Weißsteinkar quert. Etwas tiefer (Hinweis), am (Zwischen-)Abstieg ins Pfunderer Tal, liegt das kleine **Brenninger Biwak** (2157 m).

Der „Pfunderer Höhenweg“ steigt über Wiesen, Blockwerk und Geröll ostwärts an in die enge **Gaisscharte** **04** (2700 m). Dahinter helfen Drahtseile über eine 40-m-Steilstufe (Schlüsselstelle) hinab ins Obervalskar. Man quert es sanft absteigend hinüber zu einer flachen grasigen Senke, die einen ersten Blickkontakt mit der neuen **Edelrauthütte** **05** am **Eisbruggjoch** (2545 m) bietet.

Nun weiter über steinige Wiesen bergab und oberhalb des Eisbruggsees (2351 m) in längerer Querung, zuletzt leicht steigend, zur Hütte. (Bei guter Sicht kann man vom Höhenweg auch weglos direkt zum unteren See-Ende absteigen.)

Der Abstiegsweg verläuft in der Gegenrichtung durch das lang

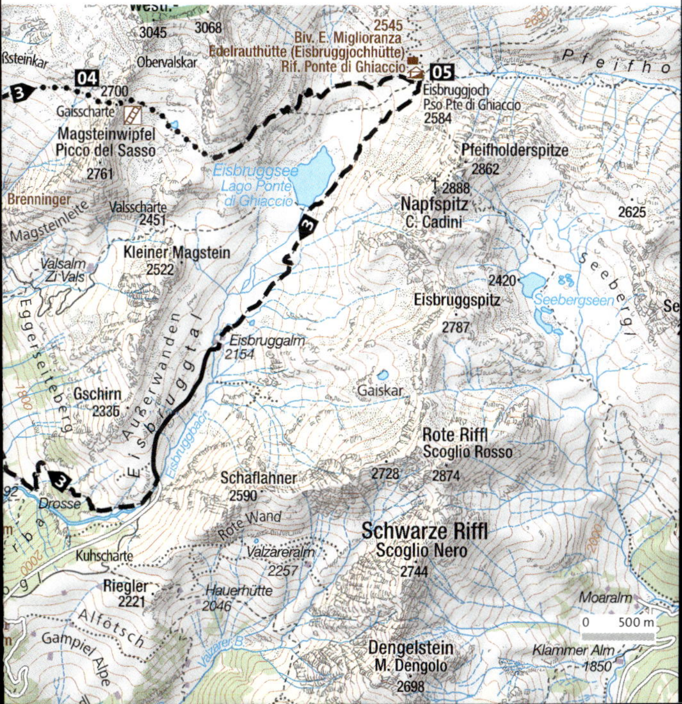

Stilles Gewässer: der Eisbruggsee.

gestreckte Eisbruggtal, vorbei an der gleichnamigen Alm (2154 m), bis zu seiner schluchtähnlich verengten Mündung. An einem steilen, licht bewaldeten Hang in Kehren hinunter in den Talboden, wo man den Eisbruggbach überquert. Mit ihm zu den Höfen von Dun und zurück zum **Parkplatz 01**.

Pfunderer Höhenweg

Anspruchsvolle Unternehmung in den Pfunderer Bergen, von Wiesen bei Sterzing bis nach St. Georgen bei Bruneck führend, durchwegs markiert, abschnittsweise aber weglos. Leichte Kletterstellen (I-II), kurze gesicherte Passagen. Nächtigung in Hütten bzw. Biwak. 1. Tag: Wiesen – Trenser Horn – Simile-Mahdalm (2011 m). 2. Tag: Simile-Mahdalm – Rauhtaljoch – Brixner Hütte (2290 m). 3. Tag: Brixner Hütte – Brenninger-Biwak (2157 m). 4. Tag: Brenninger-Biwak – Gaisscharte – Edelrauthütte (2545 m). 5. Tag: Edelrauthütte – Hochsägescharte – Tiefrastenhütte (2312 m). 6. Tag: Tiefrastenhütte – Sambock – St. Georgen.

TERNER MÜHLEN

Wasserkraft

4,5 km 1:30 h 260 hm 260 hm 56

START | Terenten (1171 m), 6 km von Niedervintl
[GPS: UTM Zone 32 x: 711.755 m y: 5.189.938 m]
CHARAKTER | Ausgedehnter Spaziergang auf guten Wegen, bestens für Familien geeignet.

Früher drehten sich oberhalb von Terenten die großen Mühlräder, angetrieben von der Kraft des Wassers, wurde das Korn von mächtigen Mahlsteinen zerrieben. Ein halbes Dutzend dieser sehenswerten Zeugen aus vergangenen Zeiten steht im Graben des Terner Bachs, und während des Sommers wird jeden Montag eine Anlage in Betrieb genommen, fließt das Wasser für ein paar Stunden auf die mächtigen Holzräder, setzt sich das Mahlwerk in Bewegung. Hinterher wird Brot nach Omas Rezept gebacken – gute alte Zeit.

Noch viel älter als die Mühlen sind die Erdpyramiden im Graben des Terner Bachs, und ein paar Jahrhunderte hat auch der Flitschhof auf dem Buckel, was man seinen von Wind und Wetter gezeichneten Holzbalken auch ansieht.

▶ Bereits am **Parkplatz** 01 mitten im Ort weist ein Schild zum „Terner Mühlenweg". Man folgt der vorzüglichen Beschilderung über die Hauptstraße in den Graben des Terner Bachs. Am Wasser entlang führt der Spaziergang bergauf. Bald kommt die erste der insgesamt sechs liebevoll restau-

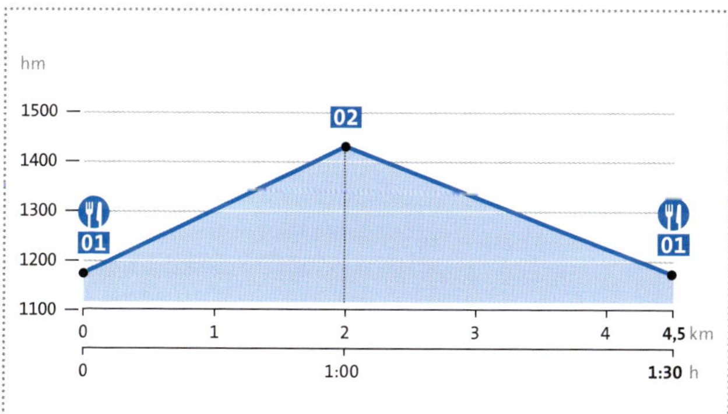

01 Terenten, 1171 m; 02 Hansleitner-Mühle, 1427 m

Wasserkraft, sinnvoll genutzt: Terner Mühle.

rierten Mühlen ins Blickfeld, dann die zweite (Tolden-Mühle). Rechts zeigen sich die bizarren Türme der Erdpyramiden; bis zu den vier höher am Terner Bach stehenden Mühlen ist es dann nicht mehr weit. Bei der **Hansleitner-Mühle** **02** geht's rechts übers Wasser und ein Stück weit mit dem „Panoramaweg" am Waldrand entlang. Im Südosten zeigen sich am Horizont einige Dolomitengipfel, im Südwesten Erhebungen der Sarntaler Alpen. Der „Flitschweg" leitet abschließend hinab und zurück ins Dorf und zum **Parkplatz** **01**.

Pustertaler Sonnenstraße

Über das Mittelgebirgsplateau, das sich von der Mündung des Pfunderer Tals ostwärts bis zum Brunecker Talkessel erstreckt, verläuft eine gut ausgebaute Straße mit werbewirksamer Bezeichnung, von Niedervintl via Terenten und Pfalzen nach Bruneck. Sie ist Ausgangspunkt für lohnende kleine Ausflüge, beispielsweise zum Issinger Weiher (912 m) oder zum gotischen Kirchlein St. Martin (1173 m).

Lago della Pausa
2596
Eidechsspitz
C. di Terento
2738
Donnerschlag
2585
Kompfoß-
scharte
Kl. Terner Nock
2350
Kleiner
Piccolo
Kompfoß
2488
Kompfoßspitz
2538
Kompfoßsee
L. Campofosso
Steinspitz
P. del Sasso
2405
2028
Tiefrastenhüttl
Stoan
2509
Schrammach
Hofalm
Kompfoßhütte
(verf.)
2450
2181
Altes Weib
2345
Altberg
2384
Ochsenlahner
2012
Pillingalm
1845
2260
Alpegger Alm
Astnerberg Alm
1641
Kofihalle
1884
Englalm
1826
Gfalleralm
Großboden
Moarhütte
1570
Pfurner Nock
2127
Fritzhütte
Hexenstein
Latschhütte
1694
Matzental
Jakobenboden
Raffalatalm
1732
Wieseralm
Stoanmandl
2037
Moarbrunn
1883
Moseregg
Terental
Valle di Terento
Walderhütte
Pfurneralm
Gasswiese
1797
Moseralm
1875
Gerunn
Jagdhtt.
Kutzer
Noll
Perchneralm
1744
Winnebachtal
Fuchsstein
02
Flitsch
1435
Gols
Lerchnerhof
1509
Hansleitner
Forcha
Margen
Marga
Alpegger
1317
1330
Erdpyramiden
Piramidi di terra
Gasser
St. Margareth
Golser
Hohenbichl
Engl
Jenneweinhof
Walder
Leim-
gruben
Ersch-
baumer
Ober-
Oberleitner
416
Gruber
Latschenhof
Unter-
Pirchner
"Pirchner Moos"
Ast
Neuwirt
Kieser
4
Terenten
Terento
01
Grabner
1171
Marchner
Moser
Stocknertal
1210
Förstner
Kalterer
Brunner
Kamplegg
Leachen
Weber
Gfaller
St. Zeno
1108
Pichle
Colli
Pein
Pino
Moar
1196
Stanzer
1304
Klampere
Holzer
1254
Pardeller
Raubschlössl
1081
Pürgstaller
1115
Bürgstallkopf
Bürste
Longloachner
Gugge
Falkensteiner
Homer
Sonnenberg
Niederwiese
782
Hochholz
Hanslmoar
Dörfl
Villetta
Hammerschmied
Schifferegger
Marienstöckl
749
Moar-
höfe
763
Biotop
Sigmunderhof
49
E66
Ilsterner Aue
Steger
Ilstern
Winnewieser
Greif
Lechner
901
Schupfner
Unterpfraumbam
Pfraumbam
938
Tanzl
Tschachner
Bergwiesmüller
Unter-
plun
Radmüller
1094
Wieser
Voglhäusl
Pranter
Hofer
1111
0
500 m

EIDECHSSPITZE UND TIEFRASTENHÜTTE • 2738 m

Hoch über dem Pustertal

19 km | 8:45 h | 1570 hm | 1570 hm | 56

START | Terenten (1171 m), Dorf an der Pustertaler Sonnenstraße. [GPS: UTM Zone 32 x: 711.755 m y: 5.189.938 m]
CHARAKTER | Große Gipfeltour, die neben einer guten Kondition einen sicheren Tritt verlangt; teilweise raue Wege, und ein langer Abstieg.

Eidechsen – bei den Einheimischen „Hegedex“ genannt – wird man an diesem Gipfel keine entdecken; sie tummeln sich in tieferen Lagen, vorzugsweise an sonnigen Bruchsteinmauern. Wie der Berg zu seinem Namen kam, ist unklar, klar dagegen, dass sein breitmassiger Rücken bei schönem Wetter ein herrliches Panorama bieten muss.

Der Blick aus dem Pustertal zur Eidechsspitze verrät aber auch gleich, dass der Weg zum Gipfel lang und anstrengend ist: gut 1500 Höhenmeter vom Terrassendorf Terenten sind kein Pappenstiel. Nimmt man den Rückweg über die Tiefrastenhütte, ergibt sich eine Runde mit vielfältigen, starken Eindrücken.

▶ Der Aufstieg führt von **Terenten** 01 (1171 m) zunächst in den Graben des Terner Bachs, dann links über Wiesen mit der Mark. 22 hinauf zu einer Straße.

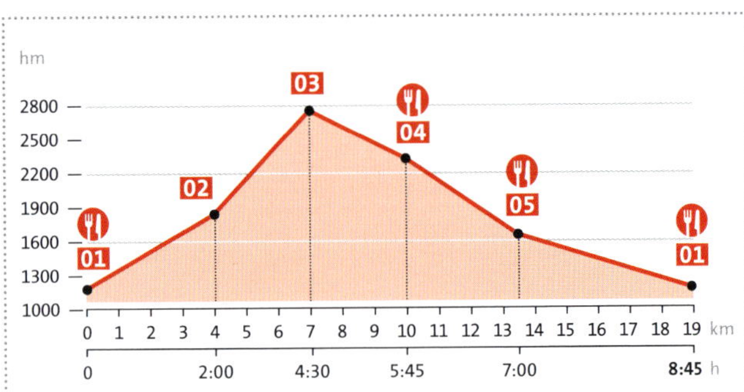

01 Terenten, 1171 m; 02 Englalm, 1826 m; 03 Eidechsspitze, 2738 m; 04 Tiefrastenhütte, 2312 m; 05 Astnerbergalm, 1641 m

Hochgrubbachspitze
Monte Gruppo
2809
Gampisalm
Il Passo
2408
2390
Passensee
del Passo
Goldsee
Gampishütte
Malga Gampis
2223
Rotwand
2774
Königswand
2742
Graunock
M.Grigio
2827
2593
Aueralm
2009
Innerwegeralm
1941
Milchegger
2486
2650
Hochsägescharte
Forc. Sega Alta
Kleine Grubbachspitze
2756
Künigswinkl
Kempspitz
2704
2694
Gamsburg
2303
Tiefrastenhütte
Rif. Lago della Pausa
2312
Tiefrastensee
Lago della Pausa
Reisnock
2663
Terner Nock
2596
Eidechsspitz
C. di Terento
2738
Donnerschlag
2585
Kompfoß-
scharte
04
03
Kl. Terner Nock
2350
Kleiner
Piccolo
Kompfoß
2488
Kompfoßspitz
2538
Kompfoßsee
L. Campofosso
Steinspitz
P. del Sasso
2405
2509
2028
Tiefrastenhüttl
Kompfoßhütte
(verf.)
2450
2181
Schrammach
Altes Weib
2345
Hofalm
2092
Altberg
2384
Ochsenlahner
2012
Pillingalm
1845
2260
05
Alpegger Alm
Astnerberg Alm
1641
Koflhalle
1884
02
Englalm
1826
Moarhütte
1570
Großboden
Pfurner Nock
2127
Jakobenboden
Fritzhütte
Hexenstein
Latschhütte
1694
Matzental
Raffalatalm
1732
Wieseralm
Stoanmandl
Moarbrunn
1883
Moseregg
Terententa
Valle di Terento
Gfalleralm
2037
Walderhütte
Gasswiese
1797
1885
Kutzenastalm
Moseralm
1875
Gerunn
Jagdhtt.
Perchneralm
1744
Winnebachtal
Noll
Fuchsstein
Hansleitner
Flitsch
1435
Gols
Forcha
Lerchnerhof
1509
Margen
Marga
Alpegger
1317
1330
Erdpyramiden
Piramidi di terra
Gasser
Margareth
Hohenbichl
Engl
Jenneweinhof
Grubor
Walder
Oberleitner
Latschenhof
Golser
Leim-
gruben
Ersch-
baumer
Ober-
perting
Unter-
Pirchner
"Pirchner Moos"
Ast
Neuwirt
Kieser
Terenten
Terento
01
Grabner
1171
Stocknertal
1210
Marchner
Moar am
Niederhof
Förstner
Moser
Brunner
Kamplegg
Leachen
Kalterer
Gfaller
St. Zeno
1108
Pichlern
Colli 1262
Klamperer
Stanzer
1304
Pein
Pino
Moar
1196
Holzer
1254
1197
Moar am
Pardeller
Raubschlössl
1081
Pürgstaller
Bürgstallkopf
Bürste
Longloachner
Gugge
1115
Falkensteiner
Horner
Niederwiese
Sonnenberg
0
500 m

Die Tiefrastenhütte vor der Hochgrubachspitze.

Nach einem kurzen Wegstück auf Asphalt biegt man in den Ziehweg ein (Hinweis), der im Wald zu einer Schotterpiste ansteigt. Sie führt im Terententаl zur Raffaltalm und zur idyllischen **Englalm** 02 (1826 m).

Weiter auf markiertem Steig bergan, zuletzt mit ein paar Serpentinen zur kleinen Kompfoßhütte (2181 m). Über die felsdurchsetzte Flanke leiten gute Markierungen auf den ausgeprägten Ostgrat. Über ihn gewinnt man den Gipfel der **Eidechsspitze** 03 (2738 m).

Kurz zurück auf dem Anstiegsweg, dann links haltend in blockigem Gelände abwärts zu einem schartigen Grat. Man folgt ihm bis in die eigenartige Buckellandschaft des Kompfoß mit ihren beiden düsteren Seen, steigt dann durch die „Zahnlücke“ zwischen Donnerschlag (2585 m) und Kompfoßspitze über kleine Felsstufen, Geröll und Wiesen ab zur **Tiefrastenhütte** 04 (2312 m) am gleichnamigen See. Auf ordentlichem Steig weiter über eine markante Talstufe hinunter, dann flacher talauswärts. Aus dem Wanderweg wird eine Sandpiste, die in Schleifen (rechts hübscher Wasserfall) absteigt zur **Astnerbergalm** 05 (1641 m).

Auf der Straße durchs Winnebachtal zurück nach **Terenten** 01.

VON KIENS NACH PFALZEN

Wald und Wiesen, dazu ein idyllischer Weiher

13 km | 3:30 h | 320 hm ↗ | 320 hm ↘ | 56

START | Parkplatz (835 m) bei den Tennisplätzen von Kiens; Zufahrt von der Ortsmitte über die Straße nach Issing.
[GPS: UTM Zone 32 x: 716.768 m y: 5.187.854 m]
CHARAKTER | Familienfreundliche Wanderrunde mit wenig Steigung, auf der zweiten Weghälfte viel Schatten. Issinger Weiher mit Bademöglichkeit. Sehenswert: die Kirchen von Issing und Pfalzen.

Im Gegensatz zum verkehrsgeplagten Pustertal bietet die Sonnenterrasse mit den Ortschaften Terenten und Pfalzen viel Ruhe, dazu die Möglichkeit zu schönen, nur wenig anstrengenden Wanderungen.

Ein beliebtes Ausflugsziel ist der Issinger Weiher, der im Sommer angenehme Badetemperaturen aufweist. Für Kids eine Herausforderung: der Hochseilgarten in Seenähe. Wer lieber festen Boden unter den Füßen hat, besucht vielleicht die Latschenölbrennerei und den Kräutergarten Bergila am Issinger Weiher.

▶ Vom **Parkplatz** 01 (835 m) über die Issinger Straße und mit der Markierung 1 ansteigend zum **Issinger Weiher** 02 (912 m). Weiter auf Weg Nr. 5 nach **Issing** 03, dessen Kirche – ein schöner Bau mit spitzem Turm – im 18. Jahrhundert innen brutal barockisiert wurde. Auf der Dorfstraße links zur Pfalzner Straße und

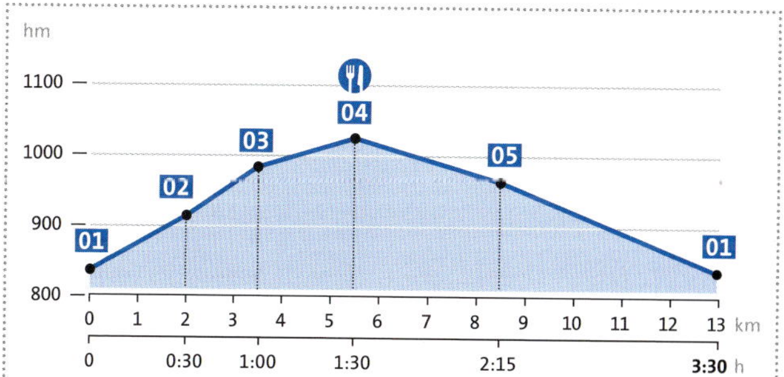

01 Parkplatz Kiens, 835 m; 02 Issinger Weiher, 912 m; 03 Issing, 981 m; 04 Pfalzen, 1022 m; 05 Lothen, 961 m

Am Rückweg nach Kiens; Blick auf Ehrenburg mit seinem Schloss.

unter ihr hindurch. Auf einem asphaltierten Feldweg leicht ansteigend zum „Pfaffensteig", der mit viel Aussicht hinüber läuft nach **Pfalzen** 04 (1022 m). Zwei bedeutende Persönlichkeiten der Südtiroler Geschichte stammen vermutlich aus Pfalzen: der Minnesänger und Politiker Oswald von Wolkenstein (Burg Schöneck, 1376–1445) und Michael Pacher (Mühlen, 1435–1498), ein begnadeter Maler und Bildhauer der Spätgotik.

Man spaziert durch das Dorf hinunter zur Hauptstraße und überquert sie zur Sportzone. Hier kurz ostwärts zum Fernheizkraftwerk. Gleich dahinter zweigt der Weg nach Lothen ab. Zunächst leicht ansteigend, führt er in den Lärchwald, der seinen Namen durchaus zu Recht trägt. Neben vielen Lärchen stehen in dem prächtigen Wald auch Kiefern und vereinzelt stattliche Fichten. Absteigend erreicht man den aus wenigen Häusern bestehenden Weiler **Lo-**

then **05** (961 m), einen bekannten archäologischen Fundort. Am nahen Burgkofel (997 m) wurde ein Gürtelblech mit rätischer Inschrift gefunden; Relikte aus der Römerzeit lieferte das benachbarte Fassing.

Der Rückweg führt ohne größere Höhenunterschiede westwärts zum Liensberger Hof (943 m). Mit freier Sicht auf Ehrenburg, das jenseits der Rienz liegt und von seinem mächtigen Schloss überragt wird, geht's dann hinab und hinüber zum Moarbichl. Zuletzt verlässt man die Straße und spaziert am Waldrand entlang zurück zum **Parkplatz** **01** am Ortsrand von Kiens.

Die Sichelburg

Die Mauern der Sichelburg in Pfalzen sind uralt, die getäfelten Stuben sorgen für eine behagliche Atmosphäre, und was aus der Küche kommt, schmeckt nach einer Wanderung besonders gut. Im Sommer kann man auch draußen sitzen, die Mauern der Burg im Rücken und vor sich die Weite der Pustertaler Landschaft.

Restaurant Sichelburg,
Burgweg 1A, Pfalzen;
Tel. +39 0474 055 603,
www.sichelburg.it

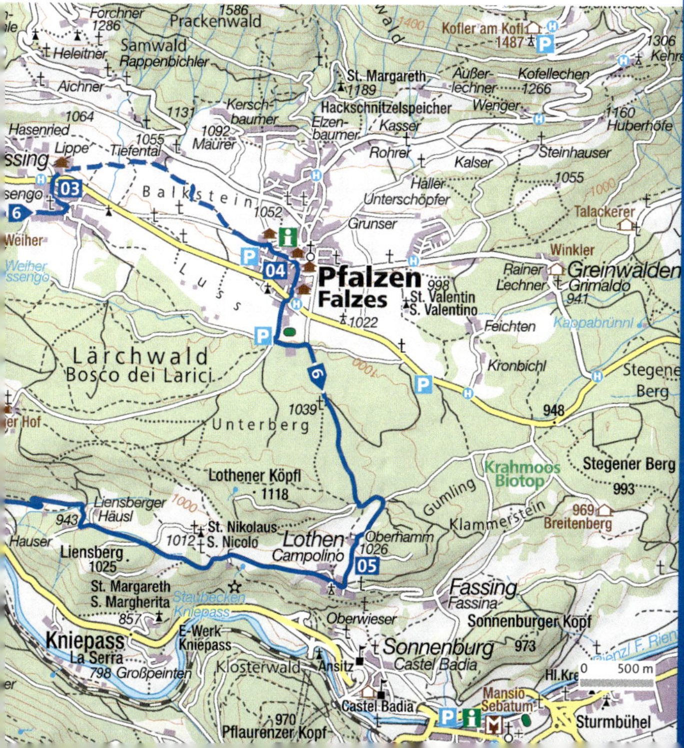

ÜBER DEN SAMBOCK • 2396 m

Aussichtswarte über dem Brunecker Talkessel

10,5 km | 4:00 h | 820 hm | 820 hm | 56

START | Platten (1608 m), Hofgruppe am Sonnenhang über Pfalzen, Anfahrt von Pfalzen, 6 km. Parkmöglichkeit.
[GPS: UTM Zone 32 x: 719.202 m y: 5.190.313 m]
CHARAKTER | Beliebte Gipfeltour, bis zum Sambock leicht, am felsigen Nordgrat dann Sicherungen. Abstecher zum Windeck markiert, 30 Min. hin und zurück.

Der Sambock bildet sozusagen das westliche Gegenstück zum Rammelstein (Tour 13), der sich im Nordosten des Brunecker Talkessels erhebt.

Beide Gipfel bieten ein sehr kontrastreiches Panorama, das vom gletscherweißen Zillertaler Hauptkamm bis zu den Dolomiten reicht, dazu packende Tiefblicke in den Brunecker Talkessel, beide besitzen einen felsigen Nordgrat und beide lassen sich auf markierten Wegen überschreiten. Etwas kürzer ist die Runde über den Sambock, die sich aber erheblich erweitern lässt, beispielsweise westwärts auf dem „Pfunderer Höhenweg“. Nicht versäumen sollte man bei guten Sichtverhältnissen den kleinen Abstecher zum Windeck (2418 m), allein schon des stimmungsvollen Tiefblicks auf Sand in Taufers wegen.

Die Tour startet eher gemütlich, führt auf einer Waldstra-

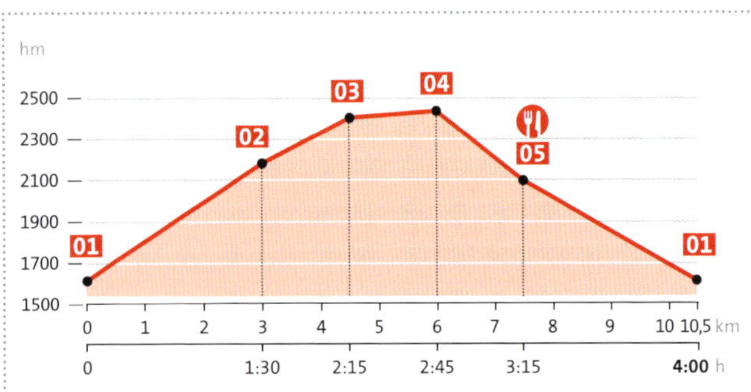

01 Platten, 1608 m; 02 Auf der Platten, 2175 m; 03 Sambock, 2396 m; 04 Bruggerspitze, 2428 m; 05 Plattner Alm, 2091 m

Bruggerwald
Haselgruber Alm
1487
Schattseite
Brugger Berg
Brunn
1769
Ritzeralm
(Wengalm)
Unt. Bruggeralm
1697
Knappnock
2132
Außerpeintneralm
Wengsee
L. di Venga
(1881)
Ob. Bruggeralm
1816
Rixner Nock
2205
2200
Kandelkopf
Kaseralm
Knappalm
2299
Donnerschlag
C. dei Tuoni
1965
Putzenalm
Knapphenne
2277
Östl. Bruggenspitze
2357
Bärentalerspitze
C. Valperna
Pfalzner Spitz
2439
Putzenhöhe
Cime di Pozzo
2438
2434
Bärentaler-seen
2450
2435
2402
2418
04
Windeck
C. del Vento
Plattner-seen
Bärentaler Alm
2192
Hochalm
2356
Sambock
M. Sommo
2396
03
Lanebacher Alm
Kressbrunn
2321
2091
Älpl
Elzenbaumeralm
1887
Bärentaler Alm
1847
Grünbachalm
Perchneralm
1828
Pitzingeralm
2170
Rauchkopf
Plattneralm
Weissköfel
05
Plattneralm
Peckengeige
1644
1873
Pitzinger
Unterhütten
(verf.)
Scheibe
Scheibe
2050
Platte
2175
2130
Forchneralm
1707
02
Lechnerhütte
Oberstall
Plattnerbach
Rio di Plat
1467
Kirchholz
Plattner
Bergwiesen
Lärcha
Kaltenbrunn
Bärentaler
Plattner-Mühlen
1962
Geigerhütte
Stockpfarrer
1365
Plattner Tröger
7
Hirschbrunn
Stockwald
Koflmühle
1389
Kehrermühle
1305
Tierstaller
7
P
Kehrer Waidler
1733
Kirchholz
Geiger
01
Förcherwald
Lechnerhof
1265
Ameter
Platten
Plata
1586
Wieshaus
1499
Forchner
1286
Prackenwald
Breitwieser
Kofler am Kofl
1487
P
Heleitner
Samwald
Rappenbichler
1306
Kehrer
Aichner
St. Margareth
1189
Außerlechner
Kofelechen
1266
Kerschbaumer
Hackschnitzelspeicher
Wenger
1064
1131
Elzenbaumer
Kasser
1160
Huberhöfe
1055
Tiefental
1092
Maurer
Rohrer
Steinhauser
Lippe
Kalser
1055
Haller
Balkstein
Unterschöpfer
1052
Grunser
Talackerer
Winkler
Pfalzen
Falzes
998
St. Valentin
S. Valentino
Rainer
Lechner
Grimaldo
941
0
500 m
Luss
1022
Kappabrunn

7

ße, deren Kehren sich abkürzen lassen, von **Platten** 01 (1608 m) überwiegend schattig bergan. Im Stockerwald verlässt man die Sandpiste nach links (Hinweis „Sambock"). Über einen steilen Hang zieht der Weg hinauf gegen das große Kreuz „**Auf der Platten**" 02 (2175 m), das links abseits bleibt, und weiter über den breiten Rücken, der erst zuletzt wieder stärker ansteigt, zum Gipfel des **Sambock** 03 (2396 m).

Die Fortsetzung der Tour folgt dem recht felsigen Nordgrat, der an einigen Stellen mit Drahtseilen versehen ist, mit einigem Auf und Ab bis zur Abzweigung zum Windeck (2418 m).

Nun links über die **Bruggerspitze** 04 (2428 m) in eine namenlose Gratsenke. Der „Pfunderer Höhenweg" läuft weiter westwärts dem vielgipfligen Kamm entlang; links leiten Markierungen über Wiesenhänge hinunter zu den kleinen Plattner Seen (2258 m). Weiter talabwärts zur **Plattner Alm** 05 (2091 m) und auf einer Straße im Wald zurück zum Ausgangspunkt der Tour bei **Platten** 01.

Vom Sambock geht der Blick nach Nordosten bis zur Rötspitze; rechts Gipfel der Rieserfernergruppe.

ÜBER DAS ASTJOCH • 2194 m

Schaukanzel über dem Pustertal

11 km | 3:45 h | 650 hm ↗ | 650 hm ↘ | 56

START | Ellen (1362 m), Weiler südlich über Ehrenburg (820 m); Anfahrt auf schmaler Serpentinenstraße bis zu dem kleinen Wanderparkplatz bei den höchstgelegenen Höfen (Kreuzner, 1550 m). [GPS: UTM Zone 32 x: 716.027 m y: 5.184.320 m]
CHARAKTER | Leichte Gipfelwanderung auf überwiegend guten Wegen, durchgehend markiert. Mehrere Einkehrmöglichkeiten unterwegs, vom Astjoch schönes Panorama.

Wer durchs untere Pustertal anreist, ahnt kaum etwas von dem ausgedehnten Alm- und Wanderrevier, das sich zwischen dem Lüsner Tal und der Mündungsklamm des Gadertals erstreckt: über zehn Quadratkilometer groß, sanftwellig und besonders aussichtsreich. Dazu gibt's auf dem aus Quarzphyllit bestehenden Rücken mehrere Hochmoore – und ein paar einladende Hütten. Ein geradezu „himmlisches" Panorama genießt man vom Astjoch (Burgstall, 2194 m); es reicht – wie sich am originellen, aus Steinen gestalteten Gipfelzeiger ablesen lässt – vom Adamello im Südwesten bis zu Österreichs höchstem Berg, dem Großglockner.

▶ Vom **Parkplatz** 01 (1550 m) an der Straßenkehre ganz kurz auf asphaltierter Unterlage bis zur Abzweigung von Weg 67 (Tafel). In mäßiger Steigung geht's über-

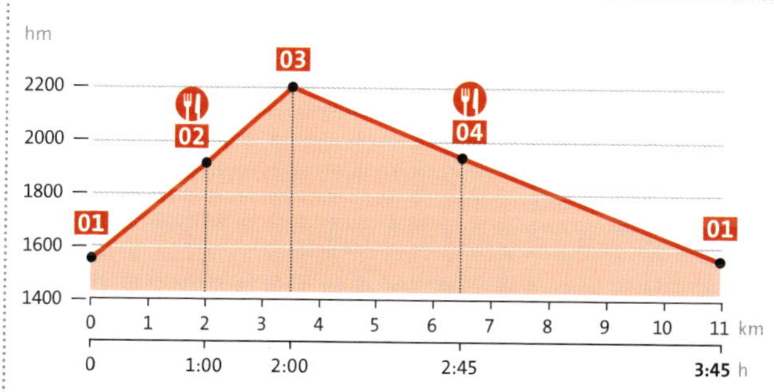

01 Parkplatz Ellen, 1550 m; 02 Walder Alm, 1908 m; 03 Astjoch, 2194 m; 04 Rastnerhütte, 1931 m

8

Eine beliebte Einkehr: die Rastnerhütte.

wiegend schattig bergan; zweimal werden breite Forstpisten gekreuzt. Nach einer Stunde ist die **Walder Alm** 02 (1908 m) erreicht, die einen Prachtblick auf den Talkessel von Bruneck bietet. Eine Viertelstunde höher mündet der gut markierte Pfad in eine Schotterstraße, die sanft ansteigend zur Einhäuserer Alm (2110 m) leitet.

Zumindest einen Seitenblick verdienen die originellen „Trophäen" an der Hauswand sowie die „Edelweißwand", bevor man über offene, mäßig steile Wiesenhänge ansteigt zum weithin sichtbaren Kreuz am **Astjoch** 03 (2194 m), das ein großartiges Panorama bietet, ähnlich jenem vom Kronplatz.

Der Abstieg führt vom abgeflachten Gipfelrücken über harmlose kleine Felsstufen hinunter gegen die Astalm (1954 m). Sie bleibt rechts, wie auch das unter Naturschutz stehende Hochmoor. Auf einer Sandpiste wandert man flach hinüber zur Starkenfeldhütte (1936 m) in schöner Lage. Nur eine Viertelstunde weiter (Wegweiser) wartet mit der **Rastnerhütte** 04 bereits die nächste Einkehrversuchung: Apfelstrudel oder Kaiserschmarren?

Nur kurz auf der Sandstraße zurück, dann links (Schild „Ellen") an einem Holzzaun entlang und nach einem engen Durchlass zu einem kleinen Moorsee (1930 m). Links an ihm vorbei, dann mit den Markierungen 67 und 67B im Wald bergab. Schließlich stößt man auf eine Forstpiste, die über zwei Serpentinen (Abkürzer) zurückleitet zum **Parkplatz** 01 oberhalb von Ellen.

Ein schöner Aussichtsberg, das Astjoch. Nach Westen reicht der Blick bis zu den Ötztaler und Stubaier Alpen – aber nur an klaren Tagen.

RUND UM ST. LORENZEN

Eine Wanderung durch die Jahrtausende

8,5 km | 2:30 h | 200 hm | 200 hm | 56

START | Am Kirchplatz von St. Lorenzen (810 m)
[GPS: UTM Zone 32 x: 721.534 m Y: 5.185.183 m]
CHARAKTER | Ausgedehnter Kultur-Spaziergang in und um St. Lorenzen, nur wenig Steigungen.

Kronplatz und Astjoch bieten das große Panorama, auf der Talrunde kann man dafür einiges über die weit zurückreichende Geschichte der Region erfahren. Die ältesten Siedlungsspuren in der Umgebung von St. Lorenzen werden in die früheste Bronzezeit datiert (ca. 1800 v. Chr.); unmittelbar an der Pustertaler Straße sind am Fuß des Sonnenburger Hügels die Überreste des Römerlagers Sebatum freigelegt worden. Auf der felsigen Anhöhe über der Rienz lag einst ein Kloster, 1020 gegründet. Im späten Mittelalter brachte der Konflikt zwischen der so mächtigen wie streitbaren Äbtissin Verena von Stuben (1410–1472) und dem Brixner Kardinal Nikolaus Cusanus das Pustertal an den Rand einer kriegerischen Auseinandersetzung. Einen kostbaren Schatz bewahrt die Pfarrkirche von St. Lorenzen mit der sogenannten „Traubenmadonna", einem Frühwerk des Malers und Bildhauers Michael Pacher (um 1460).

▶ Mit der Besichtigung der zweitürmigen **Pfarrkirche** 01, die

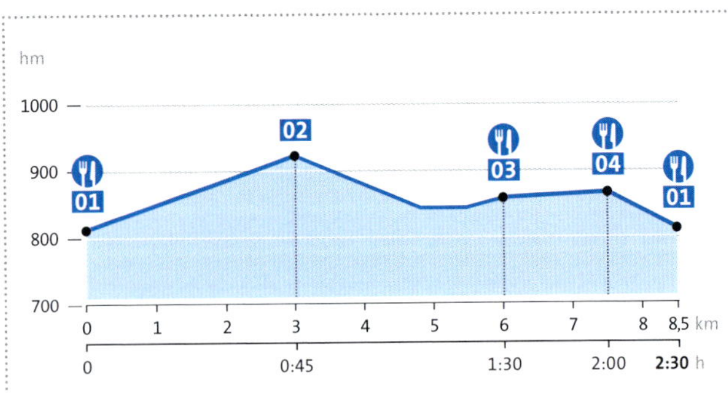

01 St. Lorenzen, 810 m; 02 Stefansdorf, 920 m; 03 St. Martin, 856 m; 04 Sonnenburg, 864 m

im Kern auf das 13. Jahrhundert zurückgeht, später dann mehrfach umgebaut wurde, startet die kleine Wanderrunde. An der Südwestseite des Dorfplatzes steht das alte Rathaus; es beherbergt heute das Archäologiemuseum Mansio Sebatum. Die Grundmauern der römischen Siedlung Sebatum direkt an der Pustertaler Straße wurden in den 1930er-Jahren freigelegt (Besichtigung möglich).

Vom Kirchplatz führt die St.-Martins-Straße ansteigend zum Bahnhof, dann unter den Gleisen hindurch zur Provinzstraße 56. Mit ihr kurz nach rechts zur Fortsetzung der St.-Martins-Straße und durch ein kleines Neubauquartier hinaus zum Siedlungsrand, zuletzt kurz ansteigend. Wenig weiter stößt man auf einen quer verlaufenden Fahrweg. Hier links und dann – mehr oder weniger geradeaus – in sanftem Anstieg zwischen Feldern zu den ersten Häusern von **Stefansdorf** 02 (920 m).

Hier scharf rechts und westwärts – vorbei am Feuchtbiotop Brunnenmoos und am Berntaler Bühel – nach Moos (937 m). Über dem Weiler erhebt sich auf einem isolierten Hügel die Michelsburg, im Kern wohl auf das 12. Jahrhun-

Die doppeltürmige Kirche von St. Lorenzen.

dert zurückgehend (Besichtigung nicht möglich). Auf Asphalt bergab (Mark. 8A) nach **St. Martin** 03, dessen Kirche (außen großer Christophorus) zusammen mit dem benachbarten Ansitz und einem modernen Betonkubus ein Ensemble bildet.

Die Markierung 8A leitet weiter zum Camping Wildberg und zur Rienz. Mit dem Wasser kurz links, dann auf einer gedeckten Holzbrücke über den Fluss und unter der Staatsstraße hindurch zur Zufahrt nach Sonnenburg. Im Weiler mehrere stattliche alte Häuser, darunter der Ansitz Glurnhör und das ehemalige Johannisspital mit einer Kapelle, die auf einem Felsblock hockt.

Über die Straßenzufahrt steigt man hinauf zur **Sonnenburg** 04 (864 m). Der nur in Teilen erhaltene Komplex, bis 1785 ein Frauenkloster, ist heute ein Luxushotel. Die Ruine der Kirche (Krypta) kann besichtigt werden (an der Rezeption fragen).

Zurück zur Rienz, ans Südufer und über die Josef-Renzler-Straße zurück zur **Pfarrkirche** 01. Beachtenswert am Haus Nr. 34 der originelle Söller (Balkon, 16. Jh.).

KRONPLATZ • 2275 m

Der Hausberg von Bruneck

7 km 2:15 h 280 hm 280 hm 57

START | Bergstation der Kronplatz-Seilbahn (2274 m), Talstation bei Reischach (953 m) südlich von Bruneck.
[GPS: UTM Zone 32 x: 725.924 m y: 5.180.438 m]
CHARAKTER | Gemütlicher Höhenspaziergang mit viel Aussicht und nur wenig Steigung.

Für Sonnenanbeter auf zwei Brettern mag der Kronplatz ein Paradies sein; dem Besucher in der warmen Jahreszeit bietet er vor allem starke Kontraste. Da ist einmal das altberühmte Panorama, von dem schon Paul Grohmann sehr angetan war. Er lobte die Aussicht als eine der bezaubernsten der Dolomiten, „und kein Gipfel, den ich kenne, vereinigt wieder die beiden Gegensätze Marmolata und Zillertaler Ferner in solcher Weise mit der schönsten Talaussicht, die man sich denken kann". Dazu passt das neue Museum LUMEN bestens, das die Bergfotografie thematisiert. Es ist in der umgebauten Bergstation der alten Gipfelseilbahn untergebracht.

Eine 18 Tonnen schwere Friedensglocke mit begehbarer Panorama-Plattform krönt den Berg, und am Westrand des abgeflachten Gipfels ragt ein Gebäude aus dem Untergrund, das nicht nur bei eingefleischten Traditionalisten leichtes Befremden auslösen dürfte: Reinhold Messners

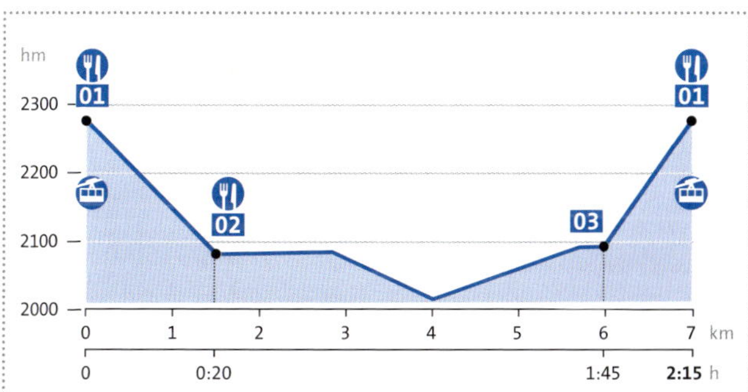

01 Kronplatz-Seilbahn, 2274 m; 02 Geiselsberger Hütte, 2080 m;
03 Col Catovi, 2091 m

Der Höhenspaziergang bietet herrliche Aussicht auf den Brunecker Talkessel, die Dreitausender der Zillertaler Alpen und der Rieserfernergruppe.

Museum Corones, 2015 eröffnet. Wandern kann man natürlich auch am Kronplatz, hinab ins Tal oder rund um den Gipfel. Für eher Gehfaule empfiehlt sich der Concordia-Rundweg (40 Min.), deutlich länger ist der Rundweg Corones.

Moderne Architektur am Kronplatz: das Museum Corones.

Er startet an der **Bergstation** 01 der großen Kronplatz-Seilbahn, leitet vom abgeflachten Gipfel in nordöstlicher Richtung hinunter in die Gratsenke (2153 m) vor dem Spitzhorn, dann über eine Straßenschleife weiter abwärts zur neu erbauten **Geiselsberger Hütte** 02 (2080 m). Nun im Uhrzeigersinn auf der Sandstraße – erst etwas an Höhe verlierend, dann wieder ansteigend und zuletzt flach – um den Kronplatzgipfel herum zum **Col Catovi** 03 (2091 m).

Dabei hat man freie Sicht auf das Dolomiten-Panorama, von den Sextenern über die Ampezzaner Dolomiten und die Marmolada bis zum markanten Peitlerkofel. Am finalen Anstieg zur **Seilbahnstation** 01 zeigen sich dann auch nochmals die vergletscherten Zillertaler Dreitausender.

Messner Mountain Museum Corones

Seit ein paar Jahren bietet der Kronplatz nicht nur Aussicht auf Dolomiten und Zillertaler Alpen, sondern auch Einblicke in die Geschichte des Bergsteigens. An der Westseite des Gipfelplateaus liegt – halb im Berg – das von der berühmten irakisch-britischen Architektin Zaha Hadid (1950–2016) entworfene Museum, das sechste und letzte Haus von Reinhold Messners Mountain Museum. Es ist dem klassischen Alpinismus gewidmet. Geöffnet ist das Museum Corones vom 1. Samstag im Juni bis zum 2. Sonntag im Oktober täglich 10 – 16 Uhr.

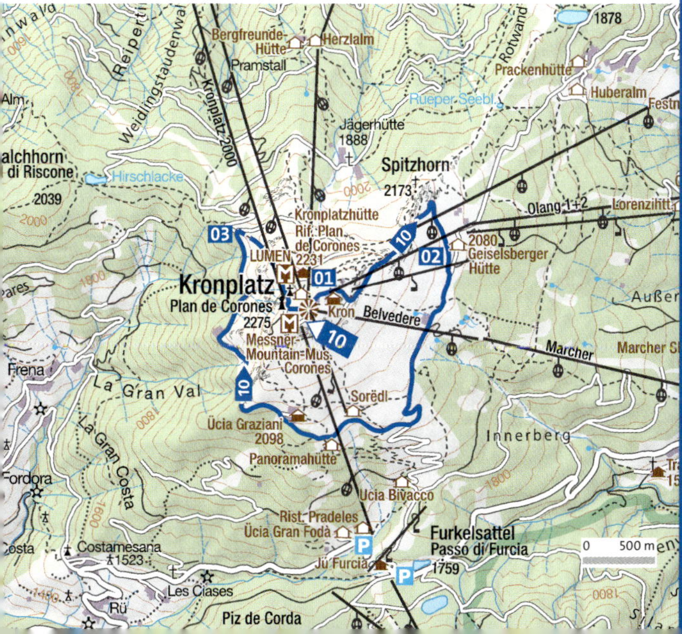

ÜBER DEN PIZ DA PERES • 2507 m

Felsiges Profil am Rand der Pragser Dolomiten

7 km | 4:00 h | 750 hm | 750 hm | 57

START | Furkel (1759 m), Straßenpass zwischen Olang und St. Vigil in Enneberg; Parkplätze im Bereich der Scheitelhöhe.
[GPS: UTM Zone 32 x: 726.806 m y: 5.178.626 m]
CHARAKTER | Abwechslungsreiche Gipfelüberschreitung, am Westgrat leichte Felspassagen, die einen sicheren Tritt verlangen.

Im Gegensatz zum Kronplatz, der weitgehend dem Massenskilauf geopfert wurde, bietet der Piz da Peres – Nordwestpfeiler der Pragser Dolomiten – noch viel unversehrte Natur. Lediglich an seiner Nordflanke kratzt ein Sessellift, doch gleich hinter seiner Bergstation beginnt das Areal des Naturparks Fanes-Sennes-Prags. Der Aufstieg über den Westgrat wartet dann mit ein paar leichten Felspassagen auf, und die Aussicht vom Gipfel ist fast so schön wie jene vom benachbarten Kronplatz.

Von der Scheitelhöhe der **Furkel** 01 (1759 m) folgt man zunächst der Schotterstraße und der Markierung Nr. 3. Nach etwa 10 Minuten zweigt rechts der Weg Nr. 12 ab. Er steigt durch eine Waldschneise an, biegt dann nach rechts ab und läuft hinüber zur Jausenstation Ücia Picio Pré.

Vorbei an der **Bergstation** 02 des Sesselliftes (2015 m) führt die gut markierte Spur weiter im Wald bergan und quert dann weitgehend flach hinaus zum Westgrat

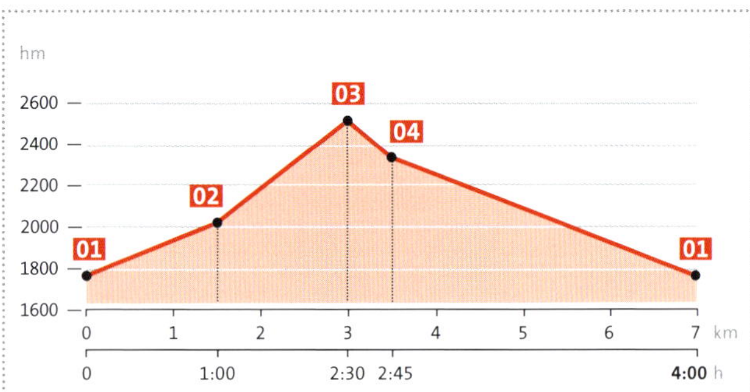

01 Furkel, 1759 m; 02 Liftstation, 2015 m; 03 Piz da Peres, 2507 m; 04 Dreifingerscharte, 2330 m

Nur noch ein paar Schritte zum Gipfel des Piz da Peres.

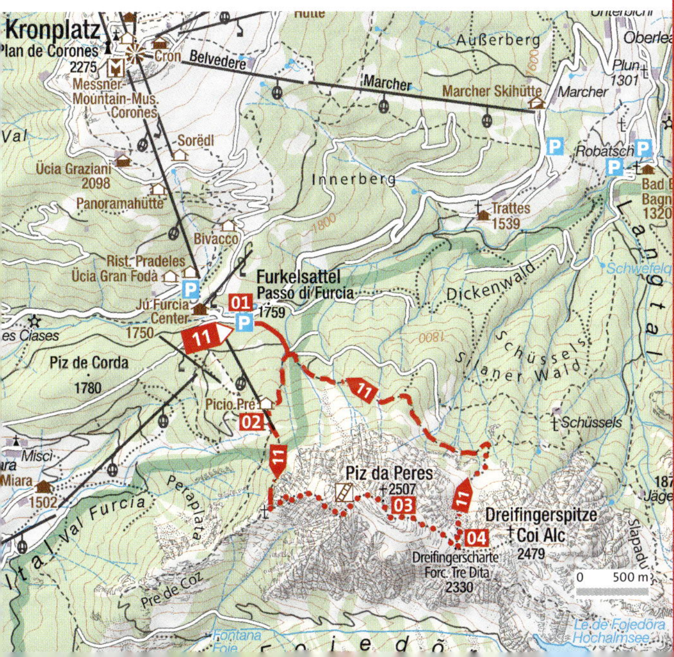

Blick vom Piz da Peres auf Seekofel und Hohe Gaisl; in der Tiefe der Hochalmsee.

des Piz da Peres. Bei einem Wegkreuz (hübscher Rast- und Aussichtspunkt) stößt man auf den von St. Vigil heraufkommenden Steig. Er leitet im Zickzack hinauf zu den Felsen, dann geht's abwechselnd links oder rechts des Grates weiter bergan; zwei kürzere Passagen verlangen einen sicheren Tritt. Schließlich leitet die Wegspur in die Südflanke. Durch eine sandige Rinne und über einen Grashang erreicht man den Gipfel des **Piz da Peres** 03 (2507 m).

Der Abstieg führt über den breiten Ostrücken zunächst in die **Dreifingerscharte** 04 (2330 m). Nun nordseitig im Zickzack durch den Geröllgraben der Dreifingerlaine bergab zu einem quer verlaufenden Weg, dem man nach links folgt (Tafel).

Mit einer leichten Gegensteigung durch die Nordflanke des Piz da Peres, anschließend hinunter zu einer Forstpiste und auf ihr zurück zur **Furkel** 01.

Hochalmsee (2252 m)

Von der Dreifingerscharte aus empfiehlt sich ein Abstecher zu dem versteckt in einer Karmulde gelegenen Bergsee. Zugang über Weg Nr. 3, der ohne nennenswerte Höhenunterschiede die gesamte Südflanke der Dreifingerspitze quert und dann in Kehren zu dem lang gestreckten Gewässer absteigt; hin und zurück gut 1 Std.

ERDPYRAMIDEN VON PLATTEN

Hinterlassenschaft der Eiszeit

5,5 km | 2:00 h | 270 hm | 270 hm | 57

START | Parkplatz (1435 m), ca. 1 km von Oberwielenbach an der Straße nach Platten. Anfahrt von Percha.
[GPS: UTM Zone 32 x: 729.318 m y: 5.188.687 m]
CHARAKTER | Nur wenig anstrengende Runde. Zustieg über einen schönen Waldweg, Abstieg in den Graben des Litschbachs sehr steil (bei Nässe heikel), Rückweg ab Platten auf Asphalt.

Die Erdpyramiden am Ritten mögen berühmter sein als ihr Gegenstück im Pustertal, reizvoll ist der Abstecher in den Graben des Litschbachs, in dem die Erosionstürme stehen, allemal. Er vermittelt einen Blick zurück in die Eiszeit, als der mächtige Rienzgletscher im Pustertal Moränenschutt ablagerte. Die bizarren, recht kurzlebigen Gebilde entstehen durch Auswaschung; wo die durch einen Stein verhindert wird, bilden sich Erdpyramiden aus. Nicht so groß wie jene am Nil, dafür aber eindeutig schlanker.

Direkt gegenüber vom **Parkplatz** 01 (1435 m) weist ein Holzschild zum Pyramidenweg. Er steigt, teilweise mit Stufen versehen, im Wald an, kreuzt dann den Kammerer Bach und mündet schließlich beim Höllerhof in die asphaltierte Zufahrt.

Gleich jenseits der Straße vermittelt ein originell gestalteter Durchlass den Zugang zu den **Erdpyramiden** 02 (1557 m) im Graben des Litschbachs. Im Zickzack steigt der Pfad am Rand des Abbruchs ab; Aussichtsplattformen bieten

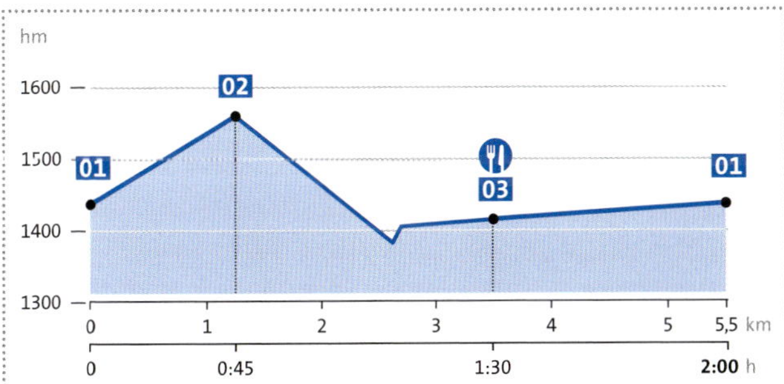

01 Parkplatz, 1435 m; 02 Erdpyramiden, 1557 m; 03 Gh. Schönblick, 1413 m

Art natur: die bizarren Erdpyramiden von Platten – einmal im Winterkleid (oben), dann im Licht der Nachmittagssonne.

besonders spektakuläre Blicke auf die bizarren Figuren: art natur!

Vom untersten Aussichtspunkt steigt der Pyramidenweg noch ein Stück weit ab zu einem quer verlaufenden schmalen Pfad. Mit ihm rechts aus dem Lahngraben heraus und steil bergan zu einem Fahrweg.

Er leitet flach hinaus zum Thalerhof (1408 m), dann als Asphaltstraße weiter zum **Gasthof Schönblick** 03 (1413 m), der seinem Namen alle Ehre macht. Von dem Logenplatz überschaut man Teile des Pustertals und den weiten Brunecker Talkessel, darüber zeigen sich Gipfel der Pragser Dolomiten und Südtirols berühmtester Skiberg, der Kronplatz. Wenn das nicht zur Einkehr verführt…

Abschließend spaziert man auf der verkehrsarmen Straße zurück zum **Parkplatz** 01.

DER RAMMELSTEIN • 2483 m

Auf einen Brunecker Hausberg

12,5 km | 5:30 h | 1060 hm | 1060 hm | 82

START | Oberwielenbach (1365 m) im unteren Wielental; Zufahrt von Percha (973 m), 5 km. Wanderparkplatz an der Abzweigung des Sträßchens ins Wielental.
[GPS: UTM Zone 32 x: 729.469 m y: 5.189.312 m]
CHARAKTER | Lohnende Gipfeltour, am Nordgrat des Rammelsteins Felsen und leichte Kraxelstellen. Kontrastreiches Gipfelpanorama.

Der Rammelstein, der sich zwischen den Tälern von Wielenbach und Antholz erhebt, ist ein langgestreckter Rücken mit felsigem Kopf. Seine Überschreitung bietet viel Abwechslung: herrliche Ausblicke, im Frühsommer eine üppige Blumenpracht und am Nordgrat leichte Felspassagen. Am Abstiegsweg lädt die Gönner Alm zur Einkehr mit Speck und einem kühlen Durstlöscher.

▶ Vom **Parkplatz** 01 folgt man der Straße, die sanft ansteigend ins Wielental führt. Bald schon kommt halbrechts der aus Tonalit aufgebaute Rammelstein ins Blickfeld; hinter der **Fohreralm** 02 (1801 m) beginnt der eigentliche Aufstieg (Hinweis).

Er führt über die steile, bewaldete Talflanke im Zickzack bergan, dann in einer längeren Rechtsque-

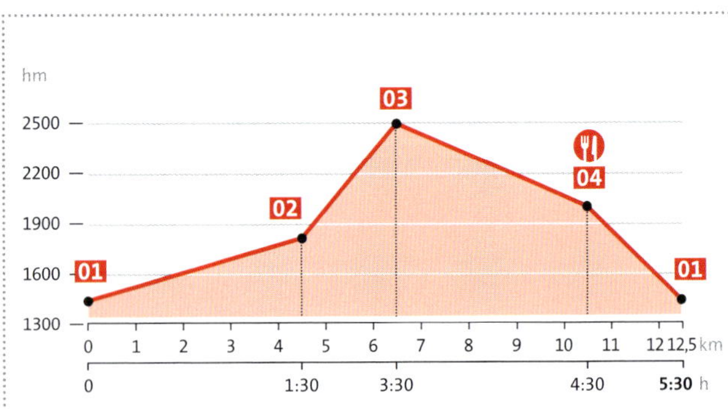

01 Parkplatz, 1430 m; 02 Fohreralm, 1801 m; 03 Rammelstein, 2483 m; 04 Gönner Alm, 1987 m

Winterstall Alm 2068
Huberalm 1854
Rio Molin
1773 Oberbacher Alm
Zinsnock 2528
Jagdhütte
Sattelscharte 2460
Sattelleite 2533
rrachalm 1930
Mühlbacher Badl 1694
Valle di
Vorspitz 2437
Haidacher Alm 1883
Raingrube 2341
2352
Moaralm
Bergwiesen
Schönbichl Bel Colle 2452
02
Fohreralm
13
Tesselberger Alm (nur Sommer) 2128
Amitzalm
Ebnle
Valle di Villa
Salzleck
Kampe
03
2483
Rammelstein Montone
Tesselbergbach
Hühnerspiel 2136
sselbergtal
Rabwald
2000
2115
Lercher Alm 1685
Finsterbrugge 1623
Loch Lacke
2200
Ursprung
1800
Sonnseite
Pramstall
Locher tal
Laneralm 1829
Wielenbach
Wielental
Hochnall Monte Nalle 2337
Inderst
Kürbisbach
Lahntal
Hochkreuz
Wegscheider 1506
01
Pyramidencafé 1375
Peintner Wiesele 1938
Gönner Alm 1987
2231
Verbrente
2200
Bärenbach
Forstgarten
1872
04
Waierklapf
Kammererbach
Sektmahder
2000
Hochnaller Graben
Höller
Huberalm 1882
Redensberger Alm
Erdpyramiden Piramidi di terra
Ziechen
Rastplatz Posto di ristoro
1448
Thaler
Schönblick
Lahngraben
1549
1600
Antholzer
Olberg
Obleitner
Litschbach
Niedristhof 1336
Nasenbach
Aschbach
1269 Burgfrieden
0 500 m
Kaser
Storfer
Neurasen

13

rung in die markante Gratsenke (2189 m) nördlich des Rammelsteins. Hier rechts bergan zu den Felsen und in die abschüssige Westflanke. Über Stufen (Sicherungen) steigt man an zu einer markanten Schulter. Nun links in blockigem Fels zu einem Durchschlupf und weiter zum Gipfel des **Rammelsteins** 03 (2483 m).

Der Abstieg verläuft südseitig, bietet dabei herrliche Ausblicke über den Brunecker Talkessel auf die Dolomiten. An der winzigen Loch Lacke (2283 m) wechselt der „Grentesteig" in die grasige, sanft abfallende Westflanke des Hochnall. Bei der **Gönner Alm** 04 (1987 m) mündet er in eine Sandstraße. Sie läuft in ein paar Schleifen durch den Graben des Bärenbachs hinab (Abkürzer) und verlässt ihn dann nach links Richtung Platten.

Der Wanderweg folgt noch ein Stück weit dem Wasserlauf, biegt nach rechts ab und führt zurück ins Wielental. Links auf der Straße zurück zum **Parkplatz** 01.

Bei der Tour über den Rammelstein hat man die Berge der Rieserfernergruppe im Blick.

KEHLBURG UND AMATEN

Alte Mauern über dem Brunecker Talkessel

10,5 km | 3:15 h | 480 hm | 480 hm | 57

START | Gais (836 m), Dorf im unteren Tauferer Tal.
[GPS: UTM Zone 32 x: 725.366 m y: 5.191.157 m]
CHARAKTER | Kleine Wanderrunde über dem untersten Tauferer Tal. Highlights: die Ruine der Kehlburg und der Tiefblick von Amaten auf Bruneck.

Auch kleine Wanderungen können starke Eindrücke vermitteln. Wie die Tour an den Berghängen über Gais. Da ist einmal die Halbruine der Kehlburg, im Kern ein uraltes Gemäuer, wohl tausend Jahre alt, mehrfach um- und ausgebaut. 1891 erwarb es ein ungarischer Bischof, der sich bei der Renovierung finanziell überhob und Pleite ging. 1944 brannte das Anwesen teilweise aus.

Eine echte Pioniertat war damals der Bau eines gut 15 Meter hohen Windrades für die Stromversorgung des bischöflichen Schlosses. Es wurde vor kurzem im Wald wieder entdeckt und sogar zum Laufen gebracht. Ein echtes Technik-Denkmal, gut ein Jahrhundert vor dem Windkraft-Boom unserer Tage!

Amaten bietet einen besonders schönen Blick auf das weite Brunecker Talbecken, am besten gleich von der Terrasse des Gasthofes Oberraut. Da bleibt dann bloß die Frage, was mehr begeistert, die Aussicht oder die Schlutzer im Teller.

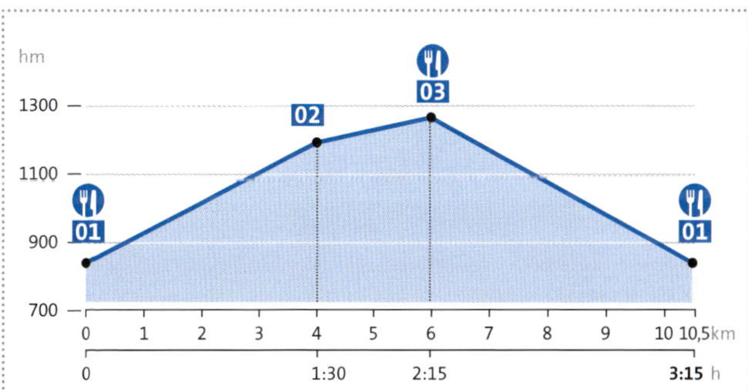

01 Gais, 836 m; 02 Kehlburg, 1187 m; 03 Amaten, 1260 m

Alte Mauern über dem Tauferer Tal: die Kehlburg.

▶ Die Wanderung startet in **Gais** 01. Durch die Mühlenstraße geht's zunächst sanft bergan zum Eingang ins Mühlbachtal. Hier rechts und auf einem Serpentinensträßchen hinauf zum Stockerhof in schöner Hanglage. Am Waldrand entlang nur noch sanft steigend zum Felderhof (1219 m), dann leicht bergab zur **Kehlburg** 02 (1187 m).

Nun mit der Markierung K in den Graben des Bärentals und nach Querung mehrerer Gräben ansteigend nach **Amaten** 03 (1260 m).

Vom Gasthof Oberraut flach hinaus zur bewaldeten Geländekante, dann auf dem Fahrweg hinab ins Bärental und hinaus zu seiner Mündung. Hier steht man unvermittelt am Ansatzpunkt eines mächtigen Geröllkegels, der die Ahr ganz an den Westrand des Tals gedrängt hat. Auf dem „Feldweg" zurück nach **Gais** 01.

Tiefblick von Amaten auf den Brunecker Talkessel.

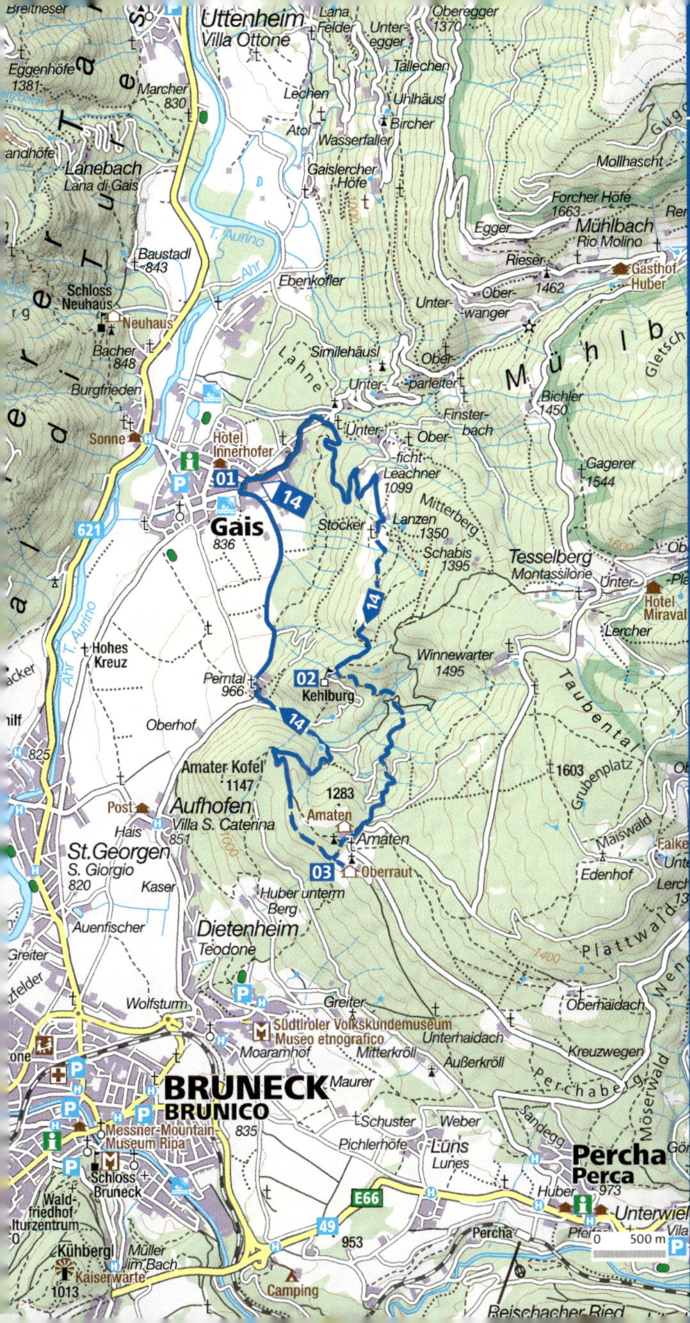

Uttenheim
Villa Ottone
Lana
Felder
Unter-
egger
Oberegger
1370
Tallechen
Eggenhöfe
1381
Marcher
830
Lechen
Uhlhäusl
Bircher
Atol
Wasserfaller
Lanebach
Lana di Gais
Gaislercher
Höfe
Mollhascht
Forcher Höfe
1663
Mühlbach
Rio Molino
Egger
Rieser
1462
Gasthof
Huber
T. Aurino
Ahr
Baustadl
843
Schloss
Neuhaus
Neuhaus
Ebenkofler
Unter-
wanger
Ober-
Bacher
848
Lahne
Similehäusl
Ober-
parleiter
Unter-
Burgfrieden
Mühlb
Bichler
1450
Finster-
bach
Unter-
Ober-
ficht
Sonne
Hotel
Innerhofer
01
14
Leachner
1099
Gagerer
1544
Gais
836
621
Stocker
Lanzen
1350
Mitterberg
Schabis
1395
Tesselberg
Montassilone
Unter-
Hotel
Miraval
Lercher
Winnewarter
1495
Hohes
Kreuz
Ahr T. Aurino
Perntal
966
02
Kehlburg
Taubental
Oberhof
825
Amater Kofel
1147
1283
1603
Grubenplatz
Post
Aufhofen
Villa S. Caterina
Hais
851
Amaten
Amaten
Maiswald
St.Georgen
S. Giorgio
820
Kaser
03
Oberraut
Edenhof
Huber unterm
Berg
Auenfischer
Dietenheim
Teodone
Plattwald
Greiter
Oberhaidach
Wolfsturm
Greiter
Südtiroler Volkskundemuseum
Museo etnografico
Unterhaidach
Moaramhof
Mitterkröll
Außerkröll
Kreuzwegen
Perchaberg
Maurer
BRUNECK
BRUNICO
835
Sandegg
Möserwald
Messner-Mountain-
Museum Ripa
Schuster
Weber
Pichlerhöfe
Luns
Lunes
Percha
Perca
Schloss
Bruneck
Huber
973
Wald-
friedhof
E66
Unterwielen
49
953
Percha
Kühbergl
Müller
im Bach
Kaiserwarte
1013
Camping
Reischacher Ried
0
500 m

AUF DIE GROSSE WINDSCHAR • 3041 m

Ein Dreitausender am Rand der Rieserfernergruppe

15 km | 7:00 h | 1470 hm | 1470 hm | 82

START | Parkplatz (1578 m) am Sträßchen ins Mühlbachtal, etwa 1,5 km von Mühlbach. Zufahrten von Percha via Tesselberg und von Uttenheim.
[GPS: UTM Zone 32 x: 729.081 m y: 5.193.289 m]
CHARAKTER | Großartige Gipfeltour für erfahrene Berggänger mit felsigem Finale; gute Kondition ist unerlässlich, ebenso Erfahrung in weglosem Steilgelände (leichte Kletterpassagen, I).

So manches ist relativ, auch bei den Bergen. Das gilt vor allem für Höhen bzw. Höhenunterschiede. Die Windschar gehört nicht zu den wirklich großen Gipfeln der Rieserfernergruppe, was ihre absolute Höhe angeht.

Die Höhendifferenz zum Tal ist aber rekordverdächtig: fast 2200 Meter! Deshalb schaut man von der Großen Windschar auch nicht bloß in die Ferne, sondern tief hinab in die Talfluren. Das fiel vor über hundert Jahren bereits einem Herrn Seyerlein auf, der nach einer Besteigung den „Blick zu den Stätten menschlicher Cultur, in Thäler und Ansiedlungen“ besonders lobte.

Die lange Tour startet eher gemütlich; vom **Parkplatz** 01 (1578 m) wandert man auf der Straße hinein ins Mühlbachtal, vorbei am wieder aufgebauten Mühlbacher

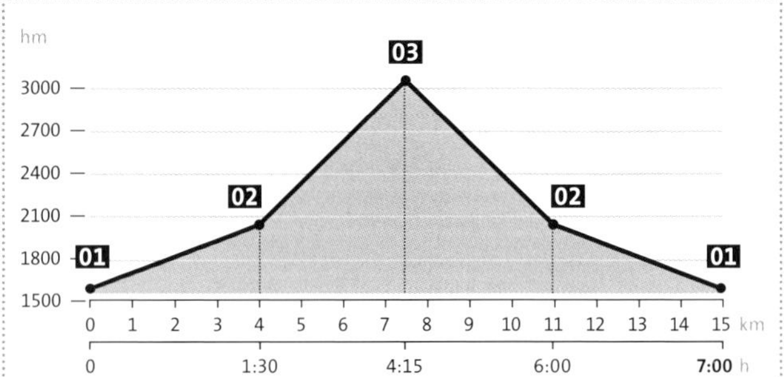

01 Parkplatz Mühlbachtal, 1578 m; 02 Oberwanger Alm, 2027 m; 03 Windschar, 3041 m

Achternock
2667
Wildes Tor
2156
2610
Platte
Wetterkreuz
2272
Brambichl
2108
Lanebach
Wasserfallspitz
Punta d. Cascata
2652
Dreieck
2671
Elfernock
2832
2503
Althauskees
2528
2761
Windscharspitze
Cima del Vento
Große Grande
3041
Rauchkofel
Cima Fumo
3043
3140
Fensterkof
Cima Finest
2802
Grubscharte
Forc. della Fossa
03
Weiße Nase
2758
Naturpark Rieserferner-Ahrn
Kahlgeifel
2734
Bloßberg
(Kuhleitenwände)
2568
2619
2550
Hochalm
Egelsbacher
Scharte
2480
Winterstallscharte
2472
02
Oberwanger Alm
Oberstall
Heißalm
2027
Rote Na
2619
Bramstaller
(Schafkopf)
2559
Unterwanger Alm
1948
rco Naturale Vedrette di Ries-
Winterstall Alm
2068
Huberalm
1854
15
1773
Oberbacher Alm
Valle di Rio Molino
Pfarrachalm
1930
Jagdhütte
Zinsnock
2528
Guggenberg
1900
Mühlbacher Badl
1694
15
P
01
Vorspitz
2437
Haidacher Alm
1883
Renzler
Moaralm
Bergwiesen
Schönbichl
Bel Colle
2452
Gletsch
Fohreralm
Geige
Tesselberger Alm
(nur Sommer)
2128
Amitzalm
Ebnle
0
500 m
Tesselbergbach
Hühnerspiel
2136

Schroffe Berge über dem innersten Mühlbachtal.

Badl mit seiner neuen Kapelle (2004). Hinter der Oberbacher Alm (1773 m) wird das Tal steiler, kommen schroffe Felsgipfel ins Blickfeld. Auf der **Oberwanger Alm** **02** (2027 m) endet die Sandpiste; ein schmaler Pfad leitet weiter bergan, wobei die markante Senke der Grubscharte (2802 m) als Richtungsweiser dient. Rund hundert Meter unter dem Joch links (Hinweis „Windschar" am Fels) zur Mündung einer steilen Rinne. Neben ihr im Zickzack über die gestufte Felsrampe in flaches Gelände. Quer über den Schotterboden zum Fuß des Gipfelaufbaus und über harmlose Schrofen zum Gipfel der **Windschar** **03**. Abstieg auf dem gleichen Weg.

Neu aufgebaut: das Mühlbacher Badl – ein Gesundbrunnen.

NEVESER HÖHENWEG

Im Vorfeld der Gletscher

19 km | 7:15 h | 980 hm | 980 hm | 82

START | Neves-Stausee (1856 m), schmale, mautpflichtige Zufahrt von Lappach, 5 km. Parkplätze am Ostufer des Sees.
[GPS: UTM Zone 32 x: 712.088 m y: 5.202.891 m]
CHARAKTER | Ausgedehnte Runde in hochalpiner Kulisse, die neben Ausdauer einen sicheren Tritt verlangt. Die Querung der Gletscherbäche kann an heißen Sommer-Nachmittagen problematisch werden.

Über dem Talschluss von Neves stehen einige der ganz großen Gipfel des Zillertaler Hauptkamms: Hoher Weißzint (3370 m), Großer Möseler (3479 m) und Turnerkamp (3420 m). Eine große Kulisse also, und starke Eindrücke vermittelt auch der „Neveser Höhenweg“, obwohl er Abstand hält zu Gipfeln und Gletschern. Letztere sind seit Jahrzehnten auf dem Rückzug, der Große Möseler lässt sich fast schon „trockenen Fußes“, also ohne Eiskontakt, besteigen. Nasse Füße gibt es dafür gelegentlich auf dem „Neveser Höhenweg“, wenn die Gletscher in der Sommersonne schwitzen und ihre Abflüsse anschwellen. Deshalb wurde der Weg vor ein paar Jahren abschnittsweise neu trassiert.

Die große Runde startet am **Neves-Stausee** 01 (1856 m). Über die Staumauer ans Westufer,

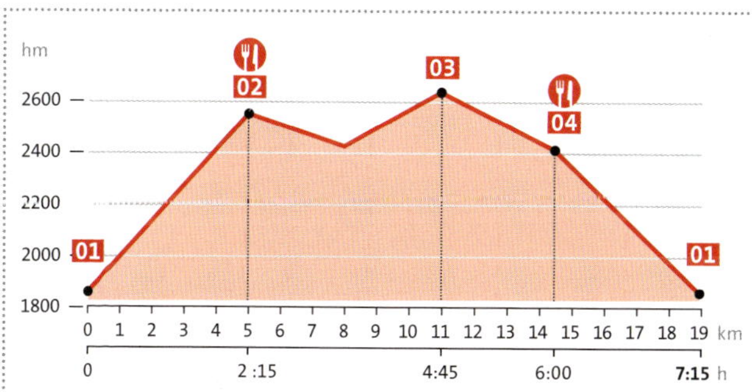

01 Neves-Stausee, 1856 m; 02 Edelrauthütte, 2545 m; 03 Punkt, 2630 m; 04 Nevesjoch, 2407 m

Hochsteller
3098
Salzbichl
3041
Haupenhöhe
In der Röte
2724
Griesscharte
2811
2848
Pfitscher Grat
2767
Auf der Stiege
Rötkees
Rötwand
Griesferner
Hochferner
Hochferner
Schlegeiskees
Hint. Weißspitz 3470
3395
3380
2600
2800
3000
Breitnock
Muttenock
3072
3509
Hochfeiler
Gran Pilastro
3358
Schlegeisscharte
3082
3212
Hoher Weißzint
3371
Punta Bianca
Muttenockferner
Muttenockkar
2913
3322
2627
Hochfeilerhütte
Rif. Gran Pilastro
2715
Gliderferner
Vedretta del Gran Pilastro
Obere Weißzintscharte
3183
Salzköpfl
2935
Weißzintferner
2510
Wasserböden
Niedere Weißzint
P. Bianca Bassa
3263
2953
Untere Weißzintscharte
2974
Pockshorn
Weißzintkar
-Hochwart
Westl.-
Östl.-
3021
3045
3068
2545
Biv. E. Miglioranza
Edelrauthütte (Eisbruggjochhütte)
Rif. Ponte di Ghiaccio
16
Pfeifholder
Obervalskar
02
Eisbruggjoch
P.so P.te di Ghiaccio
2584
2700
Pfeifholderspitze
2862
2761
Eisbruggsee
Lago Ponte di Ghiaccio
2888
Napfspitz
C. Cadini
2625
Valsscharte
2451
Kleiner Magstein
2522
2420
Seebergseen
Seebergl
Eisbruggspitz
Seebergl
2705
2787
Eisbruggalm
2154
Außerwanden
Eisbruggtal
Gaiskar
2335
Rote Riffl
Scoglio Rosso
Schaflahner
2728
2874
Zösner

Großer Möseler
Gran Mesule
3189
Waxeggrat
3014
Hornkees
3000
3480
Kleiner Möseler
3405
Möselerscharte
3370
Möselernock
3240
3297
Roßruggspitze
3304
3420
Innerjoch
Giogo di Dentro
3179
Trattenjoch
2999
3011
Östl. Möselerscharte
Möselerkopf
3390
Turnerkamp
C. di Campo
Östlicher Nevesferner
Vedr. di Neves orien.
Trattenbachkees
Südl. Möselernock
3066
Sattelnock
C. di Sella
3084
2715
Äuß. Sattelnock
3026
Am Mösele
03
16
Pfaffenscharte
Forc. del Prete
2854
Pfaffennock
C. del Prete
Weiße Wand
2973
2869
Gamslahnernock
C. dei Camosci
Gamslahner
Großer Trog
Ursprung
Ursprungbach
Moserflecke
Goldbrünnl
Moos
2197
Stieralm
2325
Gögealm
2027
16
Nevesjoch
2407
Obere
Nevesalm
Nevesboden
Nevesboden
04
Chemnitzer Hütte
(Nevesjochhütte)
2420
Rif. Giovanni Porro
Schaflahnernock
C. delle Pecore
2703
Kranner Schneid
2200
2377
Untermaureralm
1860
2524
2400
Weiße Wand
Croda Bianca
Tristensee
Oberhütte
2381
2344
Heinzkaralm
2225
16
Nevesstausee
Lago di Neves
(1856)
01
16
Tristenspitz
C. dei Covoni
2716
Tristentaler
Seehütte
2138
Schreckwand
2508
2435
Enzianhütte
1860
Naturtunnel
Seebergsee
Lappacher Jöchl
Forc. di Lappago
2371
Seeberg
Schüsselalm
Knollalm
2124
2450
Ringelstein
Sasso Tondo
2551
2014
Rinsbacheralm
1800
Knollbach
0
500 m
Oberlappach
Lappago di Sopra
Hainz
Zösen
1725
Mitteregge
2435

Das kann nasse Füße geben: Querung eines Gletscherbachs unter dem Nevesferner.

dann auf der Sandpiste bis zur Mündung des Pfeifholdertals. Hier links (Hinweis) und in lichtem Wald, später über Almböden hinauf ins **Eisbruggjoch** 02 (2584 m), wo die neue, im Jahre 2016 eröffnete **Edelrauthütte** steht.

Sie ist westlicher Ausgangspunkt des Höhenwegs. Er quert, leicht an Höhe verlierend, die felsdurchsetzten Hänge unter dem Weißzintkar, biegt dann um zu den Wasserböden. Dahinter geht es nochmals leicht bergab gegen die Seegrube. Im steinigen Vorfeld des Westlichen Nevesferners folgt ein längerer **Anstieg** 03 (bis ca. 2630 m), anschließend quert der neu trassierte Weg zur Zunge des Östlichen Nevesferners. Man passiert den Geröllboden nach Süden und steigt schließlich ab zum **Nevesjoch** 04 (2407 m). Etwas oberhalb der Scharte steht die Chemnitzer Hütte (2419 m).

Aus dem Nevesjoch geht es zunächst bergab in den Nevesboden, dann flach hinaus zur Oberen Nevesalm (2134 m). Nun wahlweise auf der in Kehren verlaufenden Erschließungsstraße oder auf dem Wanderweg hinunter zum **Neves-Stausee** 01. Auf der Uferstraße zurück zum Ausgangspunkt.

DIE REINBACH-WASSERFÄLLE

Stiebende Wasser über Sand in Taufers

5,5 km 2:00 h 310 hm 310 hm 82

START | Winkel (864 m), Häusergruppe am Eingang ins Reintal, 1,5 km von Sand in Taufers.
[GPS: UTM Zone 32 x: 726.148 m y: 5.190.900 m]
CHARAKTER | Interessante kleine Runde an der Mündung des Reintals; teilweise recht steil, am „Besinnungsweg" einige künstlerisch ansprechend gestaltete Stationen mit Motiven aus dem Sonnengesang des Franz von Assisi. Die Tour lässt sich gut mit der Wanderung zum Hof Kofler zwischen den Wänden verbinden (Tour 18).

Zu den beliebtesten Ausflugszielen in der näheren Umgebung von Sand in Taufers gehören die Wasserfälle des Reinbachs, die in mehreren Kaskaden an der Mündung des Reintals herabstieben. Dass sie das heute noch tun, ist keine Selbstverständlichkeit, bestanden doch lange Zeit Pläne für einen großen Stausee im oberen Reintal, die das herrliche Wasser zum Versiegen gebracht hätten. Glücklicherweise wurden sie nie realisiert; mittlerweile liegt das gesamte Reintal innerhalb des Naturparks Rieserferner–Ahrn. Dafür wurde ein schöner Themenweg angelegt, der dem heiligen Franz von Assisi gewidmet ist und zum Nachdenken anregen soll. Dass der mittelalterliche Denker und Asket seit 1979 Patron des Umweltschutzes ist, passt ja ganz gut …(siehe oben).

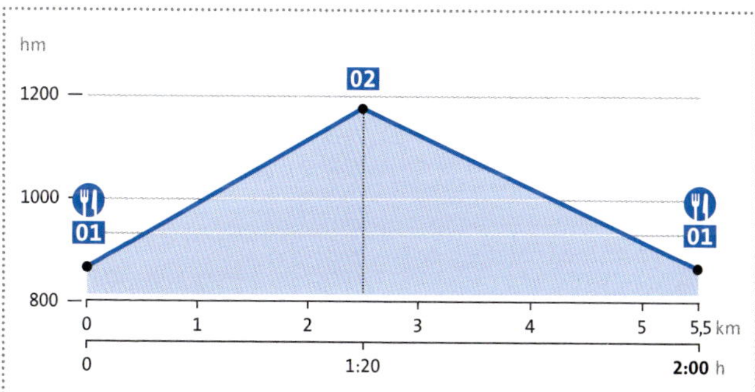

01 Winkel, 864 m; 02 Toblburg, 1172 m

Skulptur am Tauferer Besinnungsweg.

▶ Vom **Parkplatz** **01** bei Winkel folgt man dem „Besinnungsweg“ taleinwärts zum ersten Wasserfall, wo eine Skulptur die Bedeutung des Wassers für unser Leben verdeutlicht. An mehreren Stationen vorbei steigt der Themenweg weiter hinauf zur zweiten Kaskade, dann über einen Steilhang zum dritten und schönsten Wasserfall mit Beobachtungspunkt vor den stiebenden Wassern.

Auf einer soliden Eisenbrücke überquert man die Klamm; an der folgenden Verzweigung rechts steil hinauf zu den Mauerfundamenten der **Toblburg** **02** (1172 m). Von der Ruine leitet der „Klaraweg“ zur Reintalstraße.

Man folgt ihr bergab zum Gasthaus Toblhof (1054 m), wo ein Schild zurück zu den Reinbach-Wasserfällen weist. Auf der Eisenbrücke übers Wasser, dann wahlweise mit dem alten Wanderweg oder dem „Besinnungsweg“ hinunter zum **Parkplatz** **01** bei **Winkel**.

Besonders attraktiv: die zu Eis erstarrten Wasserkaskaden.

18

KOFLER ZWISCHEN DEN WÄNDEN • 1528 m

Bergbauernwelt

6,5 km | 3:15 h | 430 hm | 430 hm | 82

START | Tobl (1098 m) an der Verzweigung der Straßen nach Ahornach und Rein, 3,5 km von Sand in Taufers; Parkmöglichkeit in der Nähe.
[GPS: UTM Zone 32 x: 727.877 m y: 5.200.634 m]
CHARAKTER | Spannende Runde über dem untersten Reintal; Aufstieg teilweise steil und felsig (Drahtseilsicherungen, Stiegen und Geländer). Man kann die Wanderung alternativ bei Sand in Taufers starten und über den „Besinnungsweg" aufsteigen (Tour 17).

Angesichts der idyllisch-großartigen Bergkulisse übersieht man als Urlauber leicht, wie schwierig und entbehrungsreich das Leben

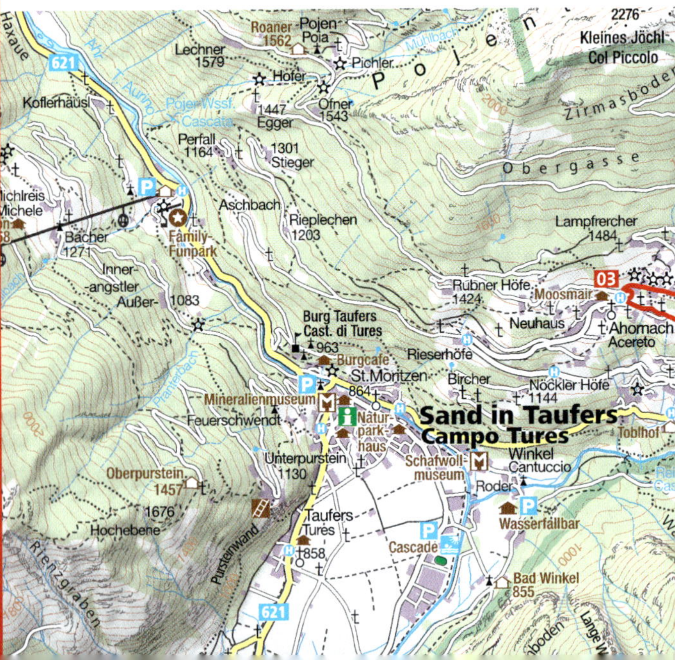

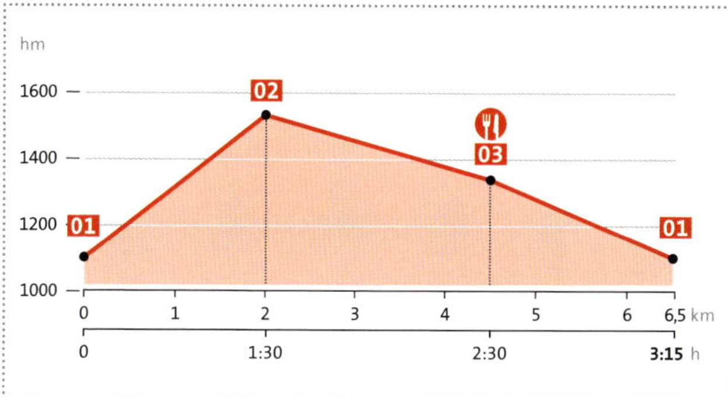

01 Tobl, 1098 m; 02 Kofler zw. den Wänden, 1528 m; 03 Ahornach, 1334 m

von der Scholle hoch in den Alpentälern früher war: steile Hänge, karger Ertrag, lange Winter mit viel Schnee, oft auch Lawinen. So wie am Hof Kofler zwischen den Wänden, der seinen Namen zu Recht trägt, auch wenn er auf einem großen Wiesenfleck steht und nicht „auf einer Felsplatte, unter ihm, hinter ihm Wände und wildester Hochwald“ (P. Tschurtschenthaler). Wer über den steilen Weg hinaufsteigt zu dem Gehöft, bekommt zumindest eine Ahnung

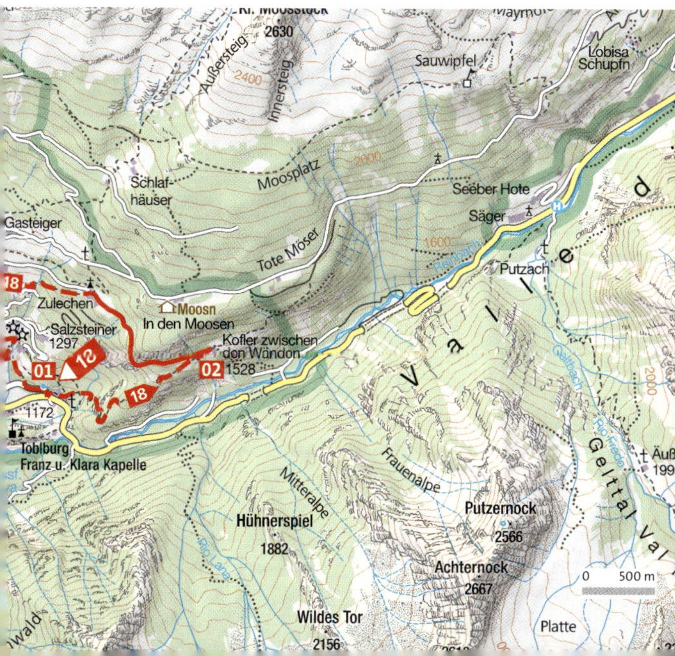

Bergbauernidylle mit Straßenanschluss, aber leider keine Einkehr mehr: der Kofler.

von den Härten der sogenannten „guten alten Zeit“. Heute ist der Kofler zwischen den Wänden ein beliebtes Wanderziel in prächtiger Lage über dem unteren Reintal. Besonders schön der Tiefblick auf den Talkessel von Sand in Taufers.

▶ Der Weg zum Kofler beginnt an der Straße ins **Reintal** 01, unweit der Abzweigung nach Ahornach. Ein Ziehweg (Hinweis) führt rechts in einen Graben, dann geht's über die felsige Bergflanke steil bergan. Stiegen und Geländer erleichtern den Anstieg, exponierte Passagen sind mit Drahtseilen versehen. Der Weg mündet auf einen Wiesenhang. Rechts schräg hinauf zum **Kofler zwischen den Wänden** 02 (1528 m).

Der Rückweg führt hinaus zu den verstreuten Höfen von Ahornach. Auf dem Fahrweg vom Kofler zunächst noch leicht steigend gegen das Kanzele (1674 m), dann mit freier Sicht auf den Talkessel von Sand, Straßenschleifen abkürzend, abwärts zur Pfarrkirche von **Ahornach** 03 (1334 m). Nun mit der Markierung 6B hinunter zur **Reintalstraße** 01 am Ausgangspunkt der Runde.

DURRECK-HÖHENWEG SÜD

Viel Aussicht, wenig Anstrengung

10,5 km | 4:15 h | 668 hm | 668 hm | 82

START | Parkplatz (1550 m) am Eingang zum Naturpark Rieserferner-Ahrn; Zufahrt von Sand in Taufers via Ahornach.
[GPS: UTM Zone 32 x: 727.433 m y: 5.201.681 m]
CHARAKTER | Lohnende Höhenwanderung an der Sonnseite des tief eingeschnittenen unteren Reintals mit schöner Aussicht auf die teils vergletscherten Hochgipfel der Rieserfernergruppe (Hochgall, 3436 m).

Im Bereich der Durreckgruppe, die sich als lang gestreckter, mehrgipfliger Grat zwischen dem Ahrn- und dem Rein- bzw. Knuttental erhebt (Durreck, 3135 m), gibt es mehrere schöne Höhenwege, die an bzw. nur wenig oberhalb der Waldgrenze verlaufen. Einer von ihnen ist der „Durreck-Höhenweg“, der in einem weiten Bogen westlich um das Massiv herumläuft. Sein Südabschnitt zwischen den Schlafhäusern und den Lobisa Schupfn bietet Aussicht auf die vergletscherte Nordfront der Rieserfernergruppe mit dem kantigen, 3436 m hohen Hochgall als Blickfang. Am Weg gibt es schöne Zirbenbestände und kleine Hochmoore.

▶ Die Runde startet mit dem überwiegend schattigen Anstieg vom **Parkplatz** 01 (1550 m) zu den sogenannten **Schlafhäusern** 02; bei den obersten dieser Hirten-

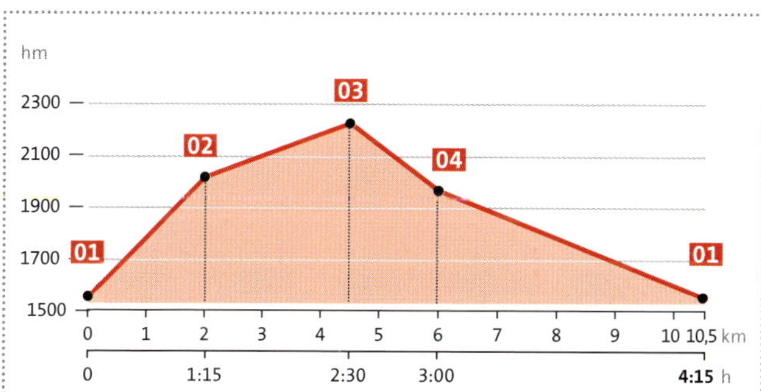

01 Parkplatz, 1550 m; 02 Schlafhäuser, 2010 m; 03 Sauwipfel, 2218 m; 04 Lobisa Schupfn, 1959 m

Alte Hirtenhütten vor weißen Bergen: die Schlafhäuser.

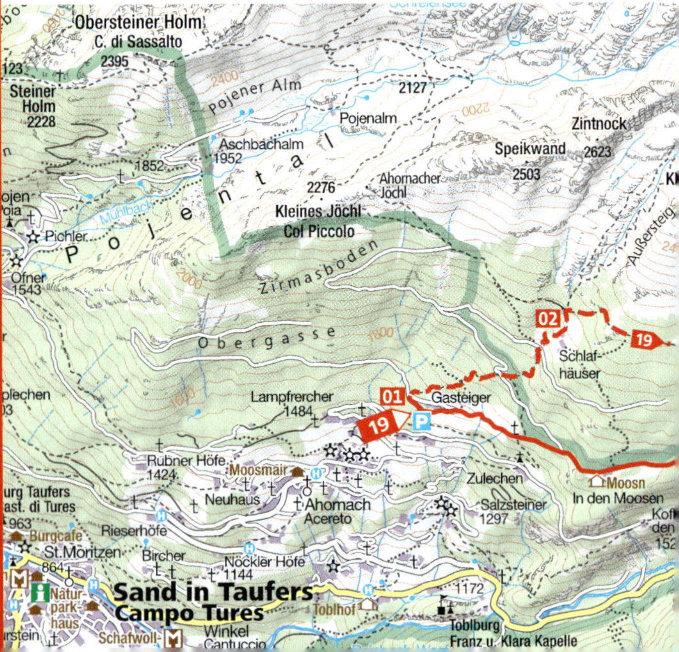

hütten (2010 m) stößt man auf den „Durreck-Höhenweg“ (Hinweis „Lobisa Schupfn“). Er steigt zunächst noch kräftig an, führt dann in leichtem Auf und Ab über ein paar Lichtungen zum Moosplatz (Hochmoore). Schöner Blick nach Süden in das V-förmige Gelttal; hinter den Gratausläufern des Schneebigen Nocks tritt der Hochgall immer beherrschender hervor.

Am felsigen **Sauwipfel** 03 (2218 m) gewinnt der Weg seinen Kulminationspunkt; wenig weiter, bei der Mayrhoferalm (2202 m), beginnt der Abstieg. Er führt hinunter zu einer Sandstraße; an ihr liegen wenige Gehminuten Richtung Rein die **Lobisa Schupfn** 04 (1959 m), ein sehenswertes Ensemble von Alphütten (vor ein paar Jahren durch einen Lawinenabgang beschädigt, inzwischen aber originalgetreu wiederaufgebaut).

Der Rückweg führt westwärts, immer auf der breiten Piste, über das Tote Moos (1773 m) zurück zum **Parkplatz** 01.

Kofler zwischen den Wänden

Vom Toten Moos leitet ein markierter Weg abwärts zum Hof Kofler zwischen den Wänden (siehe Tour 18). Der lohnende Abstecher lässt sich gut mit der Runde über den „Durreck-Höhenweg“ verbinden; über Erschließungsstraßen kommt man wieder zurück zum Parkplatz bzw. nach Ahornach.

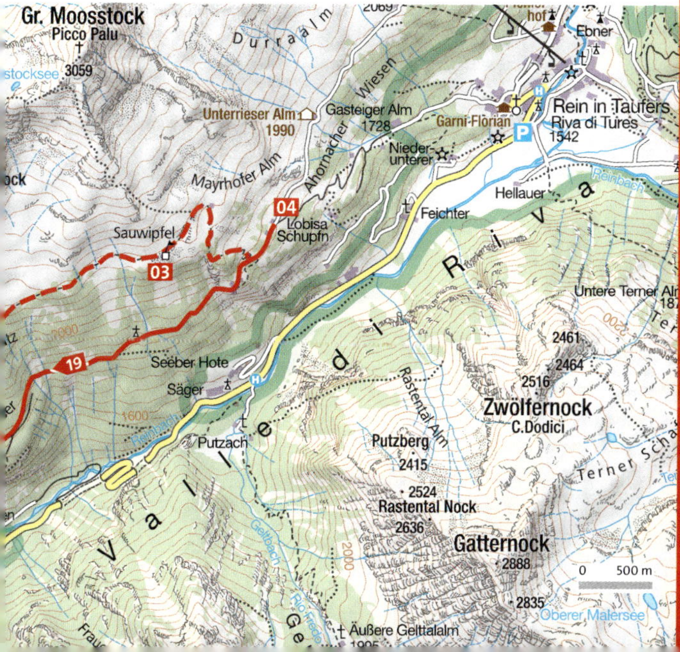

KASSELER HÜTTE • 2276 m

Aussichtsloge über dem Bachertal

10 km | 3:15 h | 740 hm | 740 hm | 82

START | Rein (1576 m), winziges Dorf im gleichnamigen Tal; großer Parkplatz unterhalb des Ortes.
[GPS: UTM Zone 32 x: 733.131 m y: 5.203.739 m]
CHARAKTER | Hüttentour auf gutem Weg; von der Kasseler Hütte (Hochgallhütte) überschaut man fast das gesamte Bachertal mit seiner hochalpinen, teilweise vergletscherten Gipfelumrahmung.

Der Hochgall (3436 m), höchster Gipfel der Rieserfernergruppe, ist natürlich kein Wanderziel. Das macht schon der erste Blick von der Kasseler Hütte in seine schroffdüstere Nordwestflanke mit ihren beiden zerklüfteten Gletschern deutlich: Hier sind Alpinisten gefordert, die sich in Fels und Eis gleichermaßen sicher zu bewegen wissen.

Völlig problemlos ist dagegen der Weg vom Dörfchen Rein hinauf zum Schutzhaus, 1893 von der Sektion Kassel des DAV errichtet. Als architektonisches Juwel möchte man das Haus nicht unbedingt bezeichnen, doch der Gedanke, dass hier in den achtziger Jahren des 20. Jh. ein Sommerskigebiet geplant war, mit Liften, Gletscherpisten und Hotels, versöhnt gleich wieder mit dem Zweckbau unter dem Tristennöckl. Und da ist ja noch der schöne Blick auf den höchsten Gipfel.

▶ Der Hüttenweg führt vom **Parkplatz** 01 (1536 m) im Talboden über den Bach und in den

Solide Brücke am Weg zur Kasseler Hütte.

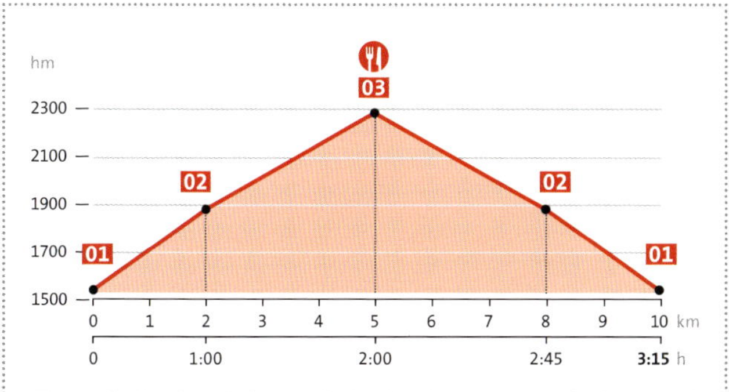

01 Parkplatz Rein, 1536 m; 02 Untere Terneralm, 1874 m; 03 Kasseler Hütte, 2276 m

Ein beliebtes Wanderziel ist die Hochgallhütte.

Wald. Nun überwiegend schattig an der Südflanke des Bachertals bergan, erst in ein paar Kehren, dann schräg über den Hang. Hinter der **Unteren Terneralm** 02 (1874 m) geht's über den Terner Bach, der etwas höher über eine Felsstufe herabstiebt. Die Eppacher Alm (2041 m), auf die ein alternativer Zustieg von Eppach heraufkommt, bleibt links. Der nur mäßig steile Pfad quert den Tristenbach, den die Schmelzwasser des Rieserferners speisen, und steigt dann in ein paar Schleifen an zu der längst sichtbaren **Kasseler Hütte** 03 (2276 m).

Abstieg auf dem Anstiegsweg; „Hartdegen-Weg" siehe Tour 21.

Auf das Tristennöckl, 2465 m

Genau südlich über der Kasseler Hütte erhebt sich der Felszacken des Tristennöckls, in dessen Ostflanke der höchste Zirbenbestand der Ostalpen steht. Trotz der bescheidenen Höhe bietet der Gipfel eine sehr stimmungsvolle Rundschau. Zugang von der Kasseler Hütte, vorbei an der Lacke oberhalb des Schutzhauses (hier Wegzeiger). Auf einem schmalen Steig in Kehren bergan und unter der schroffen Nordwand nach rechts. Mit Drahtseilhilfe rund 30 Meter gerade aufwärts, dann links durch eine steile Rinne (Stufen) und über Schrofen zum kleinen Gipfel (40 Min.).

ARTHUR-HARTDEGEN-WEG

Rund ums Bachertal

17,5 km | 7:15 h | 860 hm | 860 hm | 82

START | Rein (1576 m), winziges Dorf im gleichnamigen Tal; großer Parkplatz unterhalb des Ortes.
[GPS: UTM Zone 32 x: 733.131 m y: 5.203.739 m]
CHARAKTER | Große Wanderrunde in hochalpiner Kulisse, die einige Anforderungen an die Kondition stellt. Unter dem Riesernock gesicherte Passage (leicht), schöne Gletscherschliffe im Vorfeld des Rieserferners. Aus dem Talinnern (Ursprung) Zwischenabstieg möglich (Gehzeit dann gut 6 Std.).

Die Runde ums Bachertal gilt zu Recht als schönste Wanderung im Bereich der Rieserfernergruppe. Zentrales Teilstück der großen Tour bildet der „Hartdegen-Weg", ursprünglich Verbindung zwischen der Kasseler Hütte (2276 m) und der auf Osttiroler Boden stehenden Barmer Hütte (2591 m). Der hochalpine Übergang am Lenkstein (3237 m) ist allerdings erfahrenen Bergsteigern vorbehalten, die Runde ums Bachertal dürfen sich trittfeste und ausdauernde Wanderer aber durchaus zutrauen. Sie führt bis in den hintersten Talwinkel, der passenderweise Ursprung heißt, dann als große Aussichtspromenade vor der Parade des Rieserferner-Hauptkamms zurück nach Rein.

▶ Die Tour beginnt auf dem **Parkplatz 01** bei Rein, führt über-

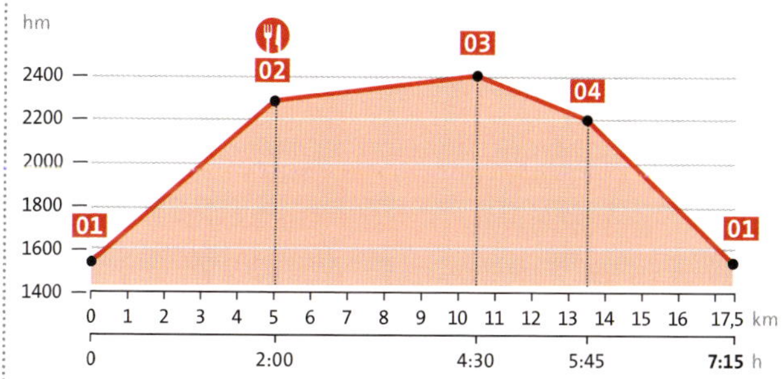

01 Parkplatz Rein, 1536 m; 02 Kasseler Hütte, 2276 m; 03 Ursprungalm, 2396 m; 04 Obere Kofleralm, 2192 m

wiegend schattig an der Südflanke des Bachertals über die Untere Terneralm (1874 m) zur **Kasseler Hütte** 02 (2276 m; Tour 20).

Nun auf dem „Hartdegen-Weg“ mit Aussicht auf den mächtigen Hochgall (3436 m) flach in das vom Eis gezeichnete Vorgelände des Rieserferners (Moränenwälle, Gletscherschliffe). Unter dem Riesernock biegt die markierte Spur nach Norden ab und läuft oberhalb mächtiger Felsabbrüche quer durch die Westflanke des Bergstocks. Kettensicherungen helfen über eine gestufte Felsrampe, dann wandert man

hinein in den innersten Winkel des Bachertals, in den Ursprung. Auf einer soliden Brücke über den vom Lenksteinferner gespeisten Ursprungbach, dann leicht bergan zur **Ursprungalm** 03 (2396 m). Kurz zuvor zweigt links ein Zwischenabstieg nach Rein ab (Wegzeiger).

Die Fortsetzung der Tour ist eine einzige Aussichtswanderung; in leichtem Auf und Ab verläuft sie hoch an der Sonnseite des Bachertals über die Brunneralm (2322 m) zur **Oberen Kofleralm** 04 (2192 m). Im Blickfeld hat man den gesamten Hauptkamm der Rieserfernergruppe, vom Lenk-

Auch in der Rieserfernergruppe zuhause: das Murmeltier.

stein im Osten (3237 m) über Hochgall (3436 m) und Wildgall (3273 m) bis hin zum Schneebigen Nock (3358 m).

Der Abstieg nach Rein führt durch den Rastelwald hinunter ins Siedlungsgebiet und zurück zum **Parkplatz 01**.

Der „Hartdegen-Weg“ über dem innersten Bachertal.

AUF DIE DREIECKSPITZE • 3030 m

Ein Wander-Dreitausender

18,5 km 7:30 h 1360 hm 1360 hm 82

START | Wanderparkplatz (1675 m) am Eingang ins Knuttental; Zufahrt von Sand in Taufers via Rein, 13 km.
[GPS: UTM Zone 32 x: 733.628 m y: 5.205.421 m]
CHARAKTER | Hochalpine Gipfeltour, die Ausdauer und einen sicheren Tritt verlangt; auch lohnend, wenn man den Abstecher von der Bärenluegscharte zur Dreieckspitze auslässt (Gehzeit dann 6:30 Std.).

Wandergipfel gibt es zwischen dem Ahrntal und dem Rieserferner-Hauptkamm nur wenige, die meisten Anstiege führen in Fels und Eis, sind auch weglos. Eine Ausnahme bildet die Dreieckspitze, ein richtiger Dreitausender, und einer mit herrlichem Panorama zudem. Ihre Besteigung lässt sich in eine Runde einbeziehen, die eine Fülle schönster Hochgebirgsbilder vermittelt; einmalig die Schau nach Süden, auf den Hauptkamm der Rieserfernergruppe (Hochgall, 3436 m).

Die Tour startet auf Asphalt, führt vom **Parkplatz** 01 (1675 m) erst flach zum Ebnerhof (1652 m), dann links (Wegtafel) im Rastelwald bergan zum großen Kreuz (2190 m) auf der **Kofleralm** 02. Hier links über Almböden weiter ansteigend zum oberen der bei-

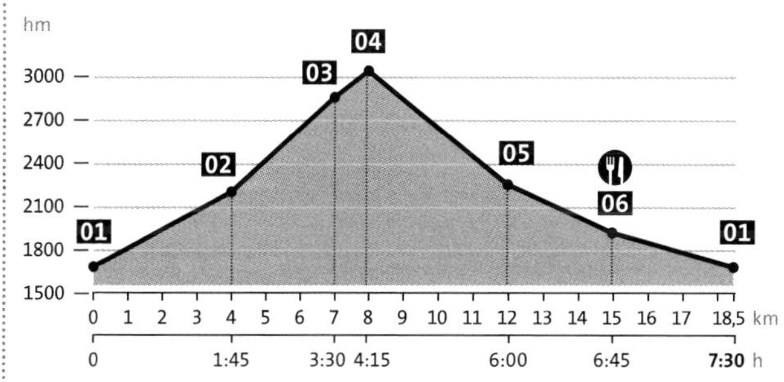

01 Parkplatz Knuttental, 1675 m; 02 Kofleralm, 2192 m; 03 Bärenluegscharte, 2848 m; 04 Dreieckspitze, 3030 m; 05 Klammlsee, 2243 m; 06 Knuttenalm, 1911 m

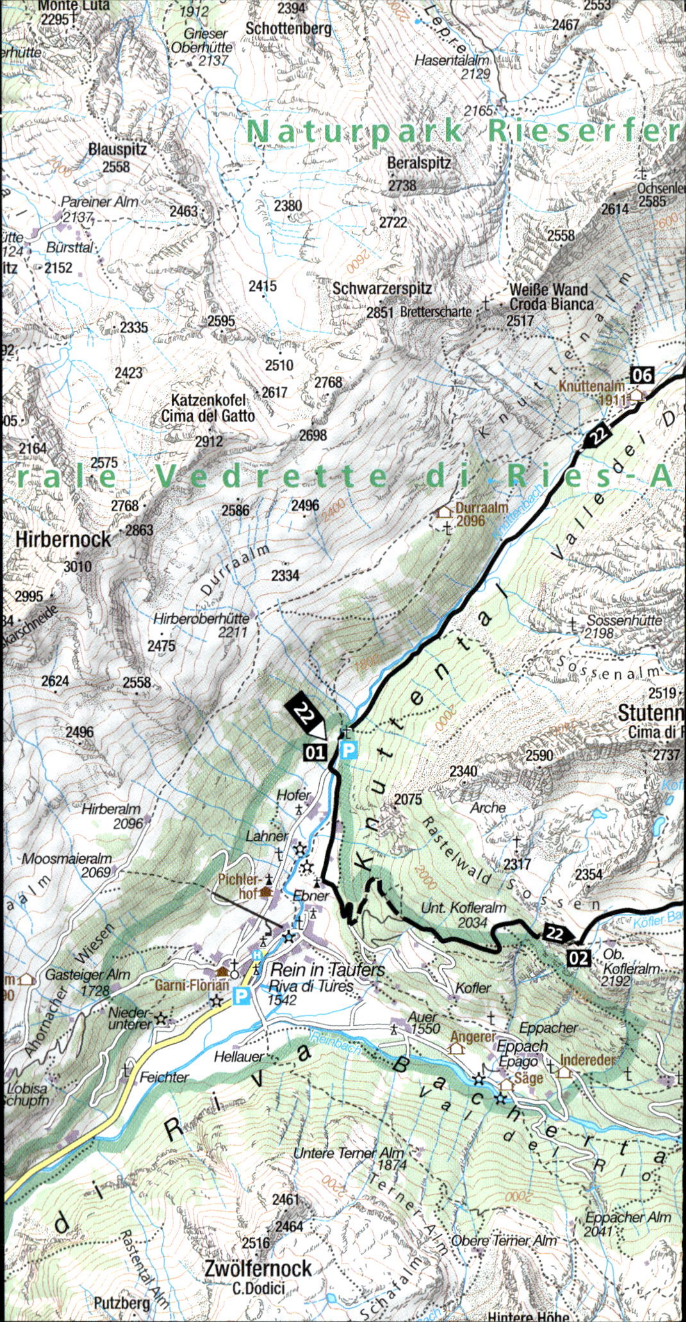
Monte Luta
2295
1912
Grieser Oberhütte
2137
2394
Schottenberg
Lepre
2467
2553
Hasentalalm
2129
2165
Naturpark Rieserfer
Blauspitz
2558
Beralspitz
2738
Ochsenle
2585
Pareiner Alm
2137
2463
2380
2722
2614
Bürsttal
2152
2558
2415
Schwarzerspitz
2851
Bretterscharte
Weiße Wand
Croda Bianca
2517
2335
2595
2510
2423
2768
06
Knuttenalm
1911
Katzenkofel
Cima del Gatto
2617
2698
2164
2912
22
2575
rale Vedrette di Ries-A
2768
2586
2496
Durraalm
2096
Hirbernock
2863
3010
Durraalm
2334
2995
Hirberoberhütte
2211
Sossenhütte
2198
2475
Sossenalm
2624
2558
2519
22
Stutenn
Cima di
01
2496
2590
2737
2340
Hofer
2075
Arche
Hirberalm
2096
Knuttental
Lahner
Rastelwald
2317
2354
Moosmaieralm
2069
Pichlerhof
Ebner
Unt. Kofleralm
2034
22
02
Ob. Kofleralm
2192
Wiesen
Gasteiger Alm
1728
Rein in Taufers
Riva di Tures
1542
Garni Florian
Kofler
Niederunterer
Auer
1550
Angerer
Eppacher
Eppach
Epago
Indereder
Ahornacher
Hellauer
Reinbach
Säge
Feichter
Lobisa Schupfn
Riva
Bacher
Val del Rio
Untere Terner Alm
1874
2461
2464
Eppacher Alm
2041
2516
Terner Alm
Obere Terner Alm
Zwölfernock
C.Dodici
Rastental Alm
Schafalm
Putzberg
Hintere Höhe

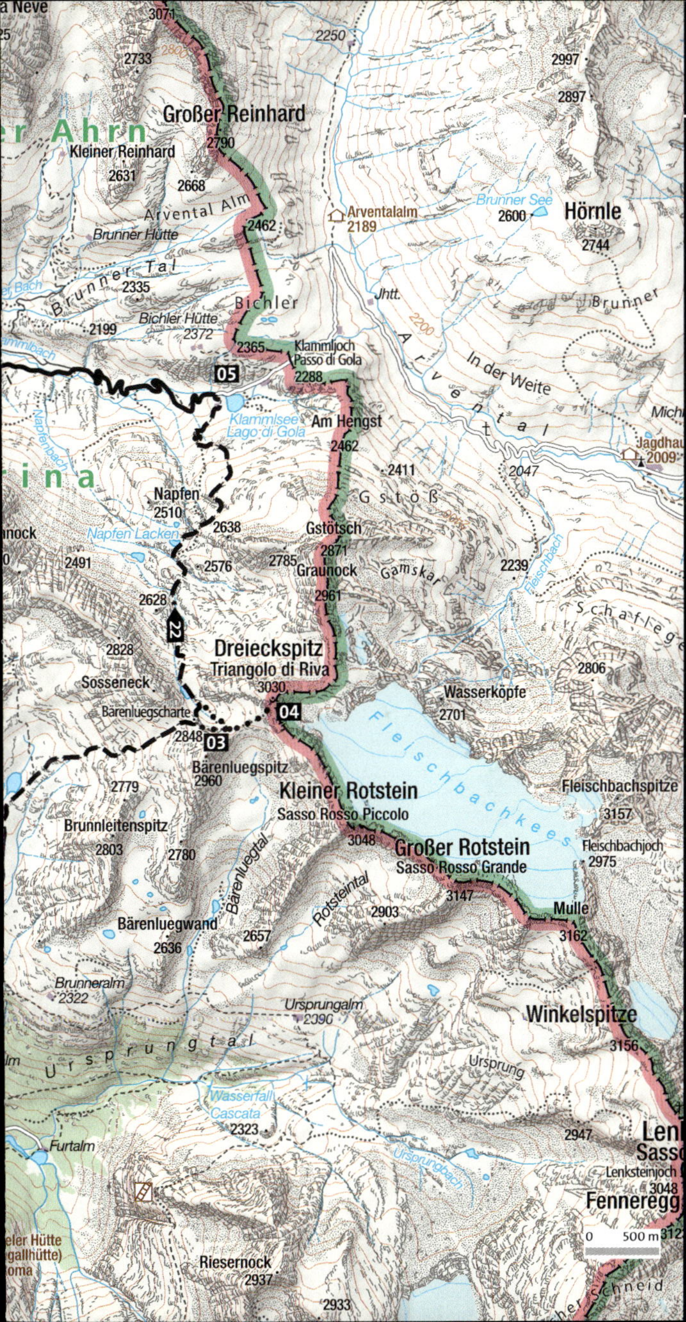
Großer Reinhard
2790
Kleiner Reinhard
2631
2668
2733
3071
2250
2997
2897
Arvental Alm
Arventalalm
2189
Brunner See
2600
Hörnle
2744
2462
Brunner Hütte
Brunner Tal
2335
Bichler
Bichler Hütte
2372
2199
Jhtt.
2200
Brunner
2365
Klammljoch
Passo di Gola
2288
05
Arvental
In der Weite
Klammlsee
Lago di Gola
Am Hengst
2462
Jagdhau
2009
2047
Napfen
2510
2411
Gstöß
Napfen Lacken
2638
Gstötsch
2871
2491
2576
2785
Graunock
2961
Gamskar
2239
Fleischbach
Schafleger
2628
22
2828
Dreieckspitz
Triangolo di Riva
3030
2806
Sosseneck
Wasserköpfe
2701
Bärenluegscharte
04
2848
03
Bärenluegspitz
2960
Fleischbachkees
Kleiner Rotstein
Sasso Rosso Piccolo
Fleischbachspitze
3157
2779
Brunnleitenspitz
2803
2780
Bärenluegtal
3048
Großer Rotstein
Sasso Rosso Grande
Fleischbachjoch
2975
3147
Rotsteintal
2903
Mulle
3162
Bärenluegwand
2636
2657
Brunneralm
2322
Ursprungalm
2390
Winkelspitze
3156
Ursprungtal
Ursprung
Wasserfall
Cascata
2323
Furtalm
Ursprungbach
2947
Lenkstein
Sasso
Lenksteinjoch
3048
Fenneregg
Riesernock
2937
2933
0
500 m

Wegkreuz am Aufstieg zu den Koflerseen.

den **Koflerseen** (2439 m). Den Talschluss bildet ein hoher Kamm, der im Soßeneck (2950 m) kulminiert; rechts davon zeigt sich der Einschnitt der **Bärenluegscharte** **03** (2848 m). Man gewinnt sie in steilem, anstrengendem Aufstieg über einen langen Schrofenhang. Dahinter leitet eine Spur quer durch die verblockte Nordflanke der Bärenluegspitze in eine namenlose Senke (2874 m), dann links im Zickzack zur **Dreieckspitze** **04** (3030 m).

Vom Gipfel zurück in das Joch zwischen Dreieckspitze und Bärenluegspitze, dann aber nicht weiter in die Bärenluegscharte, sondern gleich weglos durch die Karmulde abwärts. Bei einem Tümpel stößt man wieder auf die rot-weiße Markierung. Sie leitet über einen Schrofenhang und die Moränenwälle eines längst verschwundenen Gletschers bergab zu den winzigen Napfen Lacken (2514 m). Rechts über einen steinigen Rücken und im Zickzack auf gutem Weg hinunter zum **Klammlsee** **05** (2243 m).

Nun auf der Sandstraße, deren Schleifen sich abkürzen lassen, talauswärts zur Sommerwirtschaft auf der **Knuttenalm** **06** (1911 m) und zurück zum **Parkplatz** **01** am Eingang ins Knuttental.

OCHSENLENKE • 2585 m

Passwanderung am Durreck-Kamm

18,5 km | 7:00 h | 1250 hm ↗ | 1250 hm ↘ | 82

START | Wanderparkplatz (1675 m) am Eingang ins Knuttental; Anfahrt von Sand in Taufers via Rein.
[GPS: UTM Zone 32 x: 733.628 m y: 5.205.421 m]
CHARAKTER | Recht anspruchsvolle Runde auf teilweise schmalen Pfaden, zwei längere Steigungen, Trittsicherheit wichtig. Wer sich den zweiten Anstieg zur Ochsenlenke nicht mehr antun möchte, kann alternativ durch das Hasental ins Ahrntal absteigen (Bus).

Die Gipfel der Durreckgruppe, die sich zwischen Ahrn- und Rein- bzw. Knuttental erheben, werden nur selten bestiegen. Einzige Ausnahme ist der Große Moosstock (3059 m) mit einem markierten Weg von Ahornach. Markiert sind auch zwei Übergänge zwischen Tälern. Sie lassen sich zu einer abwechslungsreichen Runde verbinden, die große Landschaftsbilder vermittelt. Der erste, lange Anstieg führt am Kamm unmittelbar an die Weiße Wand heran, eine geologische Kuriosität, besteht sie doch – im Gegensatz zu den Schiefer- und Gneisbergen rundum – aus hellem, splittigem Kalk.

▶ Hinter dem **Parkplatz** 01 (1675 m) im unteren Knuttental zweigt links der „Fuldaer Weg" vom Talsträßchen ab. Teilweise schattig geht's bergan zur Som-

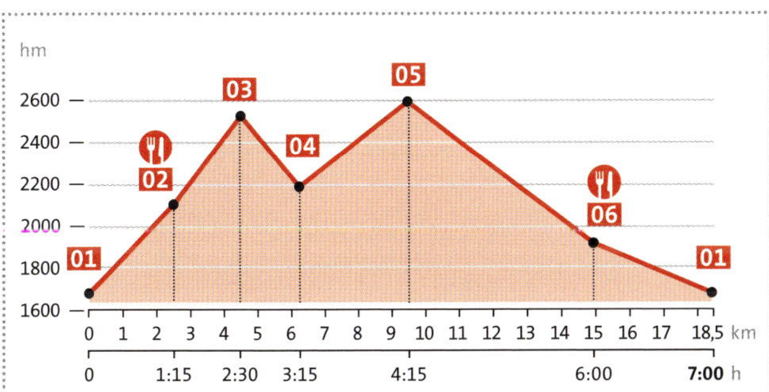

01 Parkplatz Knuttental, 1675 m; 02 Durraalm, 2096 m; 03 Weiße Wand, 2517 m; 04 Hasentalalm, 2180 m; 05 Ochsenlenke, 2585 m; 06 Knuttenalm, 1911 m

Blick von der Weißen Wand auf die Berge des innersten Knuttentals. Links Gabelspitze und Rötspitze (3495 m), rechts die Straße zum Klammljoch.

merwirtschaft auf der **Durraalm** 02 (2096 m). Der weitere Anstieg ist voll der Morgensonne ausgesetzt, auch recht steil. Über ein paar Kehren und eine längere Hangtraverse zieht er bergan gegen die hell leuchtenden Kalkfelsen am Grat. Man passiert die zwischen Felsen versteckte Bretterscharte; wenig weiter ist das Kreuz an der **Weißen Wand** erreicht 03 (2517 m). Packende Ausblicke auf die Bergumrahmung des Knuttentals und über das Ahrntal nach Norden zum Rauhkofel (3251 m) im Zillertaler Hauptkamm.

Nach Norden führt auch der Abstieg (im Frühsommer Altschnee!), erst über ein paar Kehren, dann durch einen Graben zur **Hasentalalm** 04, wo der Weg zur Ochsenlenke abgeht. Rund 400 Höhenmeter stehen an; der Weg gewinnt in zahlreichen Kehren rasch an Höhe und steuert

Im Anstieg zur Durraalm, Blick auf Hochgall (3436 m) und Wildgall. Rechts Kasseler Hütte und Tristennöckl (siehe Tour 20).

dann in einer Hangquerung den Gratsattel der **Ochsenlenke** 05 (2585 m) an, wo man wieder ins Knuttental wechselt. Im Geröll geht's hinab zu den obersten Wiesenböden. Unter den Felsen des Kleinen Reinhard stößt man auf eine Schotterspur. Sie mündet in die Klammljochstraße, an der weiter talwärts die **Knuttenalm** 06 (1911 m) liegt. Nach der wohlverdienten Stärkung spaziert man zurück zum **Parkplatz** 01 am Eingang ins Knuttental.

REINER HÖHENWEG

Aussichtswandern am Durreckkamm

12 km | 4:15 h | 620 hm | 620 hm | 82

START | Rein (1598 m), einziger Ort im gleichnamigen Tal; Anfahrt von Sand in Taufers.
[GPS: UTM Zone 32 x: 732.973 y: 5.203.918 m]
CHARAKTER | Aussichtsreiche und sonnige Hangwanderung, nur mäßig anstrengend, ordentliche Wege.

Die Kulissenberge von Rein mit dem kantigen Profil des Hochgalls (3436 m) stehen im Südosten, und da ist es nur logisch, dass ein Höhenweg, der die Almen nordwestlich über dem Dörfchen miteinander verbindet, eine besonders schöne Sicht auf die einst weitgehend vergletscherten (Rieserferner) Perlen der Pustertaler Berge bietet.

Von der **Pfarrkirche** 01, die mit ihrem spitzen Turm nicht zu übersehen ist, leitet der markierte Wanderweg an ein paar Häusern vorbei. Er überquert einen Bach und steigt dann auf gegen den Waldrand. Wenig höher stößt man auf eine Forstpiste. Sie zieht, schöne Aussicht auf den Hochgall und seine Trabanten bietend, hinauf zu den **Lobisa Schupfn** 02 (1959 m), einem originellen Ensemble aus sieben Heuhütten, mit den Dreitausendern der Rieserfernergruppe im Hintergrund ein schönes Fotomotiv.

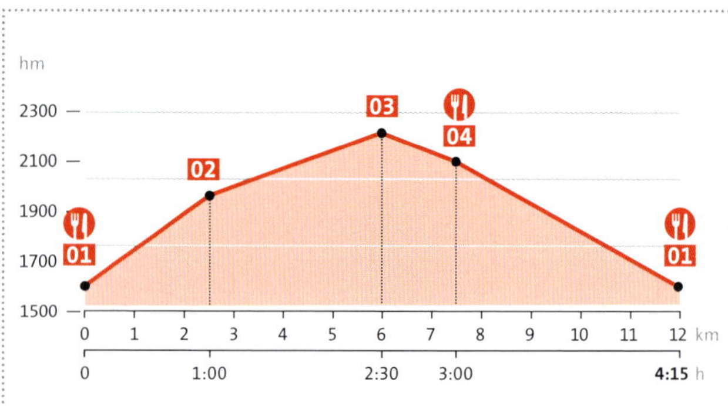

01 Rein, 1598 m; 02 Lobisa Schupfn, 1959 m; 03 Durra Oberhütte, 2211 m; 04 Durraalm, 2096 m

Rastplatz mit Aussicht: die Lobisa Schupfn.

Einzige Einkehr am „Reiner Höhenweg“: die Durraalm.

Campalto
Holzlechenhütte
1777
Grubenalm
2040
Breite Rast
2098
Klausental
Moser Ebene
Bärentalalm
2263
Parco Naturale
2472
2467
2257
2605
2164
2575
2345
2768
Hirbernock
3010
Kühlahner
Baurschaftalm
Bachmair
1882
Sattelnock
2362
2311
(nur im Wi.)
K2
2369
2491
2602
2000
2400
2995
2984
Gamskarschneide
3056
2624
Im Durra
Durreck
Cima Dura
3135
2496
2653
Rauchkogel
M. Fumo
2510
2781
Klausnock
C. Chiusetta
2972
Hirberalm
Schlossbergsee
Schwarzsee
Lago Nero
2928
Moosmaieralm
2069
Gr. Moosstock
Picco Palu
Durraalm
24
Moosstocksee
3059
Wiesen
2802
Unterrieser Alm
1990
Gasteiger Alm
1728
Zintnock
Speikwand
2623
2503
Ahornacher
Mayrhofer Alm
Kl. Moosstock
2630
Außersteig
Innersteig
Saugipfel
02
Lobisa
Schupfn
Moosplatz
Schlaf-
häuser
Seeber Hote
Säger
1600
Möser

Bei den Hütten biegt man rechts in den Fahrweg ein, der in sanftem Anstieg zur Moosmaieralm (2069 m) führt. Bei der Hirberalm (2096 m) wird aus der Straße ein Wanderweg, der die Richtung beibehält und auch noch leicht ansteigt zur **Durra Oberhütte** **03** (2211 m). Sie markiert den höchsten Punkt der Tour; dahinter geht's sanft abwärts zur **Durraalm** **04** (2096 m), in schöner Terrassenlage vor den Bergen rund um das Knuttental.

Der weitere Abstieg führt bald in den Wald, läuft dann an dem Hang hinaus zum Parkplatz am Eingang zum Knuttental. Auf der Straße zurück nach **Rein** **01**.

Blickfang beim Abstieg nach Rein ist der Schneebige Nock (3358 m) mit seinem (stark geschrumpften) Gletscher.

SPEIKBODEN • 2517 m

Aussicht total

7 km | 3:00 h | 570 hm | 570 hm | 82

START | Michlreiser Alm (1965 m), Bergstation der Speikboden-Gondelbahn. Talstation an der Ahrntaler Straße, 2 km nördlich von Sand in Taufers.
[GPS: UTM Zone 32 x: 721.064 m y: 5.200.989 m]
CHARAKTER | Gipfelrunde auf guten Wegen, vom Speikboden genießt man – dank seiner freistehenden Lage – eine fantastische Rundschau.

Es ist eine alte Bergsteigerweisheit, dass kleinere, recht unscheinbare Gipfel oft ein besonders schönes Panorama bieten. Es kommt halt auf die Lage an. Und damit kann der Speikboden allemal prunken – ein kurzer Blick auf die Landkarte beweist es: Im Norden stehen die firnbedeckten Dreitausender des Zillertaler Hauptkamms, im Süden reihen sich die Dolomitenzacken aneinander – was für ein Kontrast! Da verwundert es nicht, dass bereits 1876 südlich unter dem Gipfel ein Schutzhaus errichtet wurde, die Sonklarhütte. Sie ist allerdings längst verfallen; bloß noch ein paar Mauerfundamente erinnern an das Schutzhaus.

Die Wandertour startet auf der **Michlreiser Alm** 01 (1965 m). Den rot-weißen Markierungen folgend steigt man zunächst über die breite Skipiste an. Unter dem Nordgrat des Speikbodens beschreibt der Weg einen weit ausholenden

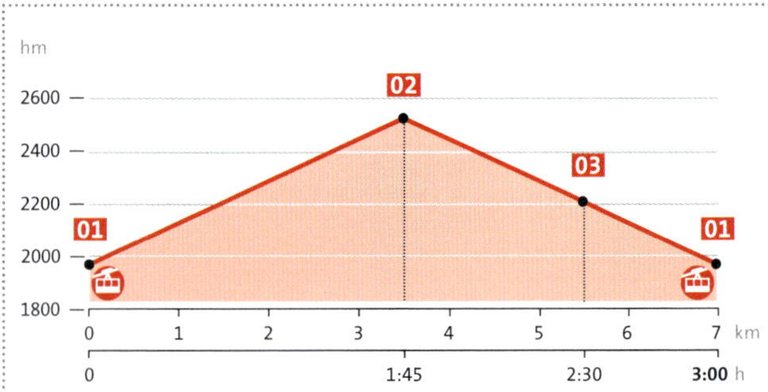

01 Michlreiser Alm, 1965 m; 02 Speikboden, 2517 m; 03 Weggabelung, 2203 m

Sonnklarhütte

Die Speikboden-Wanderung lässt sich erheblich verkürzen, wenn man den Sonnklar-Sessellift benützt. Dadurch entfällt der Anstieg zum Speikbodengrat, reduziert sich die Gehzeit auf knapp 1:30 Std. Gleich neben der Bergstation steht die neue Sonnklarhütte (2400 m). Ihr Name ist eigentlich eine Reverenz an Carl Sonklar (1816–1885) – allerdings eine mit Schreibfehler... Nach dem Geografen und Landvermesser war bereits die erste Hütte unter dem Speikbodengipfel benannt.

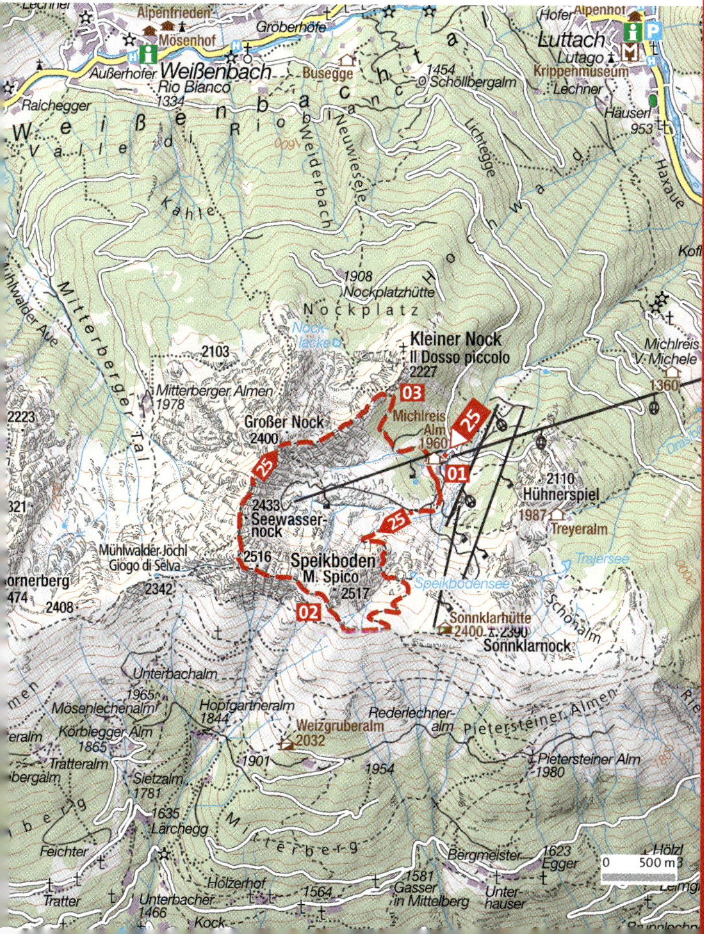

Der Zillertaler Hauptkamm vom kleinen Speikbodensee aus. Rechts der Schwarzenstein.

Bogen, ehe er den winzigen Speikbodensee (2280 m) anpeilt. Weiter neben der Piste zur Grathöhe, dann rechts haltend am zuletzt felsigen Grat zum **Speikboden** 02 (2517 m).

Der Weiterweg führt mit sanftem Zwischenabstieg hinüber zu dem fast gleich hohen Westgipfel (2516 m), wo er nach Norden zum Seewassernock (2433 m) abdreht. Dahinter leitet der schön angelegte Plattenweg absteigend in die abschüssige Südostflanke des Großen Nock (2400 m) und hinaus zu seinem lang gestreckten Nordostgrat.

Mit einigem Auf und Ab gelangt man über ein paar felsige Kuppen zu der **Weggabelung** 03 unter dem Kleinen Nock (2227 m) mit prächtiger Aussicht zum Zillertaler Hauptkamm. Rechtshaltend über den steilen Geröllhang hinunter und durch lichten Wald zurück ins Skirevier und zur Seilbahnstation auf der **Michlreiser Alm** 01.

ÜBER DIE GELENKSCHARTE • 2724 m

Große Runde unter dem Zillertaler Hauptkamm

18,5 km 7:15 h 1390 hm 1390 hm 82

START | Weißenbach (1334 m), Dorf im gleichnamigen Tal, 5 km von Luttach.
[GPS: UTM Zone 32 x: 718.553 m y: 5.203.549 m]
CHARAKTER | Hochalpine Tour, die Bergerfahrung und eine ordentliche Kondition voraussetzt. Im Bereich der Gelenkscharte im Frühsommer eventuell Altschnee. Teleskopstöcke vorteilhaft.

Ganz nahe an den Hauptkamm der Zillertaler Alpen heran führt diese Tour, und entsprechend hochalpine Eindrücke vermittelt sie: wilde, felsumstandene Kare, darüber schroffe Gipfel, manche eisgepanzert wie der Turnerkamp (3420 m). Einen starken Kontrast setzt das malerische Mitterbachtal, über dem die Hornspitzen (3221 m) in den blauen Himmel stechen. Eine große Wanderrunde mit – wie passend! – einer Einkehrmöglichkeit am Abstiegsweg durch das Trattenbachtal. Besonders interessant: Im Bereich der Gögealm wurden Urzeitfunde gemacht. Rund 150 Holzschaufeln und -kellen förderten die Grabungen zutage; sie werden in die Eisenzeit (900–500 v. Chr.) datiert und stehen wohl mit alljährlichen Brandopfern der Hirten in Zusammenhang.

Der „Stabeler-Höhenweg", dem man über die Gelenkscharte folgt,

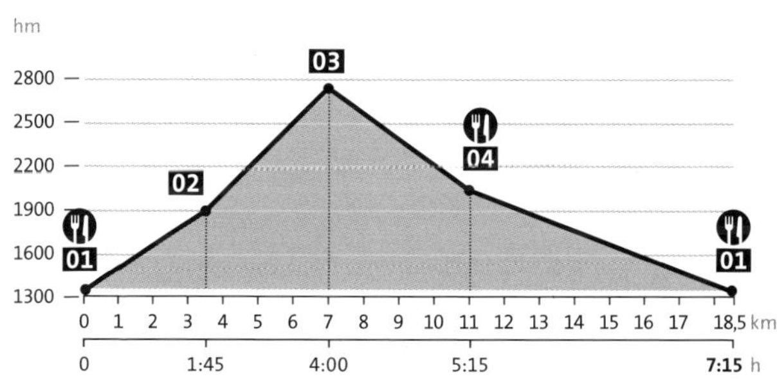

01 Weißenbach, 1334 m; 02 Oberhütten, 1883 m; 03 Gelenkscharte, 2724 m; 04 Gögealm, 2027 m

Einkehr an der großen Runde: die Gögealm.

ist übrigens nach dem aus Sand in Taufers stammenden Bergführer Johann Niederwieser, vulgo Stabeler, benannt. Er war Erstbesteiger eines der drei südlichen Vajolettürme (Stabelerturm).

Felsige Passage im Aufstieg zur Gelenkscharte.

▶ Die große Tour führt von **Weißenbach** **01** (1334 m) ins stille Mitterbachtal, zunächst auf einer Sandstraße, deren Kehren sich abkürzen lassen. Hinter der Mitterbacher Alm (1685 m) wird aus der Piste ein schmaler Pfad, der über eine ruppige Geländestufe zu den **Oberhütten** **02** (1883 m) ansteigt. Weiter taleinwärts passiert man den felsübersäten Zirmboden; am Stockerboden quert der Weg den Mitterbach nach links, um dann im Zickzack zwischen Felsabbrüchen anzusteigen (Sicherungen).

Im öden Hochkar mit dem passenden Namen Sandrain stößt man auf den „Stabeler-Höhenweg", der vom Schwarzenbachtörl herüberkommt. Mit ihm sanft ansteigend zum Felsfuß (Achtung: Steinschlaggefahr!), dann steil auf einen Buckel und im Zickzack in die **Gelenkscharte** **03** (2724 m).

Jenseits des Jochs leiten die Markierungen über Blockwerk und Schrofen bergab zu den steinigen Wiesen des Mösele. Dabei bietet sich freie Sicht auf den Turnerkamp (3416 m). Weiter über einen grünen Rücken hinunter in den flachen Boden des Mooses mit seinen mäandernden Wasserläufen. Hier verlässt man den „Stabeler-Höhenweg", der weiterführt zum Nevesjoch, und steigt über die Schöllberg-Göge (2197 m; prähistorische Fundstelle) ab zur Sommerwirtschaft der **Gögealm** **04** (2027 m). Zuletzt auf der Sandstraße, deren weite Schleifen sich teilweise abkürzen lassen, durch das Trattenbachtal hinunter und hinaus nach **Weißenbach** **01**.

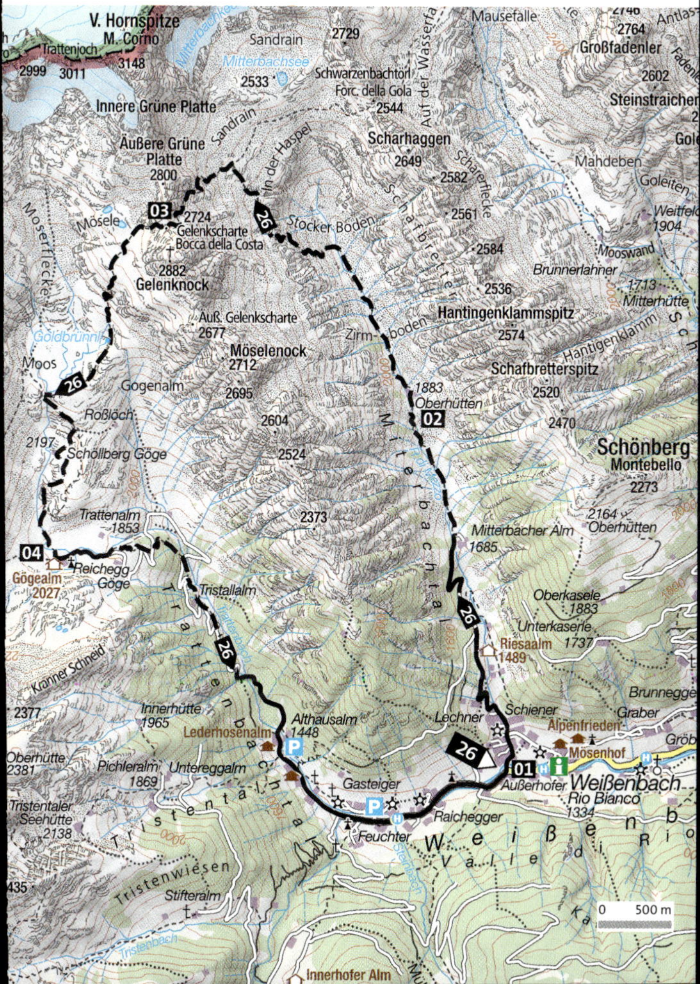

LUTTERKOPF UND BLAUSPITZ • 2558 m

Hoch über dem Ahrntal

12 km | 6:30 h | 1138 hm | 1138 hm | 82

START | Hinter den Höfen von Ahrnstein. Anfahrt über die Ahrntaler Straße bis St. Peter (Ortsteil Marche). Hier rechts über die Ahr und auf schmaler Straße nach Ahrnstein. Wenig weiter rechts Abzweigung der Straße zur Pipprigalm. Beschränkte Parkmöglichkeit am Waldrand.
[GPS: UTM Zone 32 x: 732.295 m y: 5.211.741 m]
CHARAKTER | Landschaftlich sehr reizvolle Gipfelüberschreitung, teilweise schmale und sehr steile Wege, am Grat auch recht ausgesetzt. Nicht bei Nässe gehen!

Das Durreckmassiv zählt zu den einsamsten Bergregionen Südtirols. Markierte Wege gibt es fast nur in den Randbereichen, touristisch richtig erschlossen ist eigentlich bloß das Ski- und Wandergebiet um den Klaussee. Weit weniger Besuch erhalten zwei Graterhebungen weiter östlich, wohl auch deshalb, weil der Aufstieg lang und steil ist. Von den Aussichtskanzeln hoch über dem Ahrntal genießt man packende Tiefblicke ins Tal und freie Sicht auf den Hauptkamm der Zillertaler Alpen.

Die Gipfeltour startet bei **Ahrnstein** 01 (ca. 1420 m) auf der Sandstraße zur Pipprigalm. Sie schraubt sich bei angenehm ausgeglichener Steigung an dem

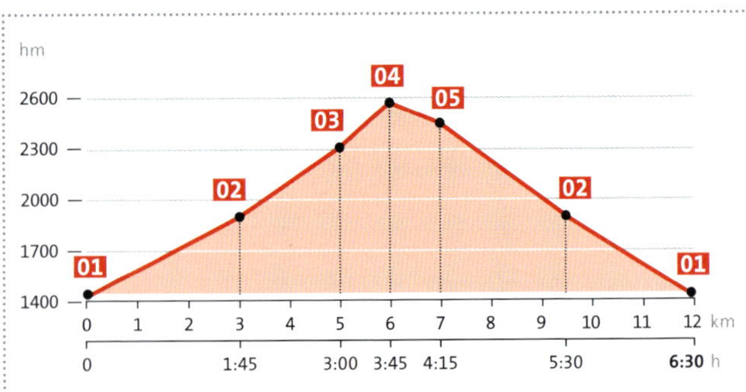

01 Ahrnstein, 1420 m; 02 Pipprig, 1890 m; 03 Lutterkopf, 2295 m; 04 Blauspitz, 2558 m; 05 Scharte, 2437 m

Unterwegs am Grat zum Blauspitz; Blick auf den Zillertaler Hauptkamm.

Wasser, Gras und Steine am Weg hinunter zur Pipprigalm.

bewaldeten Hang hinauf ins Almgelände. Wer‘s eilig hat, folgt nach den ersten beiden Kehren dem links abgehenden Fußweg mit der Markierung 1B. Straße und Weg treffen am Rand des Almgeländes von **Pipprig** 02 (ca. 1890 m) wieder zusammen.

Nun auf einem schmalen Weg im Wald um den **Lutterkopf** 03 (2295 m) herum, dann zunehmend steiler über seine Westflanke hinauf zum Gipfelkreuz, wo sich ein packender Tiefblick ins Ahrntal bietet. Nicht zu übersehen ist auch die Wegspur, die dem schmalen Grat südwärts folgt, dabei über zwei Kehren zum **Blauspitz** 04 (2558 m) ansteigt. Dahinter geht es hinunter in eine namenlose **Scharte** 05 (2437 m). Links hinab in den weiten Wiesenboden des Poinlandbachs, der hier zwischen Wollgras mäandert, bevor er über mehrere Kaskaden abstürzt. Der Weg folgt dem Wasser hinab zur Grieser Oberhütte (2137 m) und weiter ins Almrevier von **Pipprig** 02. Auf dem Hinweg zurück zum Ausgangspunkt der Tour bei Ahrnstein 01.

ZUM WALDNER SEE • 2338 m

Unter dem Zillertaler Hauptkamm

14 km | 4:45 h | 889 hm | 889 hm | 82

START | Prettau (1449 m) im inneren Ahrntal.
[GPS: UTM Zone 32 x: 735.755 m y: 5.214.080 m]
CHARAKTER | Aussichtsreiche Alm- und Seenwanderung mit einem bequemen und einem (sehr) steilen Zustieg durch den Wiesergraben.

In den Karwinkeln unter dem Zillertaler Hauptkamm liegen mehrere Bergseen, meist nur kleine Lacken zwischen Geröll und Bergsturztrümmern. Der größte ist mit einer Fläche von knapp sieben Hektar der Waldner See, keine drei Gehstunden vom Talort Prettau und deshalb ein beliebtes Wanderziel.

▶ Die Wandertour beginnt in **Prettau** 01 (1449 m), führt zunächst auf einer Asphaltstraße zu den Häusern am Hang, dann hinauf zum Waldrand und rechts über den Wieserbach. Jenseits der Brücke zweigt links der mit 16B markierte Direktanstieg ins höher gelegene Almgelände ab – eine echte „Direttissima".

Dreiherrnspitze, 3499 m, und Rötspitze, 3495 m, vom Waldner See aus.

Entschieden kommoder sind die Steigungsverhältnisse der Almzufahrt, die am Ameisberg eine weit ausholende Schleife beschreibt. Wenig unterhalb der Wieseralm kommen die beiden Wege zusammmen; knapp eine halbe Stunde höher liegt an der Straße die Jausenstation **Waldner Alm** 02 (2068 m). Dahinter steigt ein gut markierter Weg über den abgerundeten Rücken des Waldner Eggen bergan zu einem Kreuz, dann mit einem kleinen Waal (Seebach) zu einer Verzweigung. Hier hält man sich halbrechts und steigt über einen steinigen Hang an zum **Waldner See** 03 (2338 m). Rund um das Gewässer, das in einer Mulde unter den schroffen Seewänden liegt, finden sich schöne Rastplätze. Abstieg auf dem gleichen Weg.

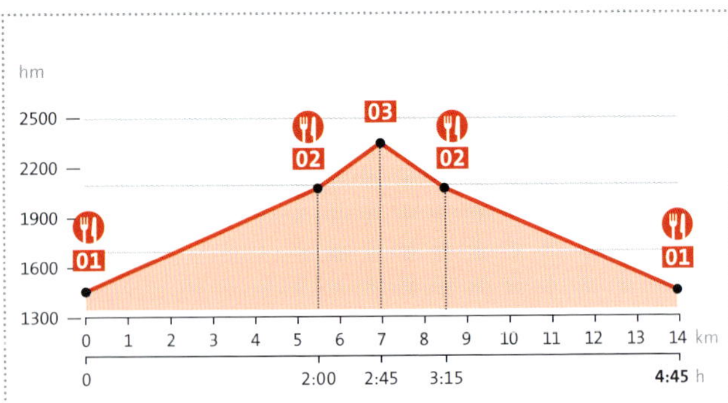

01 Prettau, 1449 m; 02 Waldner Alm, 2068 m; 03 Waldner See, 2338 m

RÖTALM • 2116 m

Auf den Berg oder in den Berg

7 km 3:15 h 591 hm 591 hm 82

START | Parkplatz (1525 m) beim Schaubergwerk Prettau; Anfahrt über die Ahrntaler Straße.
[GPS: UTM Zone 32 x: 736.926 m y: 5.214.952 m]
CHARAKTER | Kleine Rundwanderung am „Kupferberg“, Einkehr in der urigen Hütte auf der Rötalm. Lässt sich prima mit einem Besuch des Schaubergwerks verbinden. Der Lehrpfad hinauf zum Rötkreuz ist mit zwei gekreuzten Hämmern markiert.

Im hinteren Ahrntal kann man nicht nur auf die Berge steigen, sondern auch einfahren ins Bergesinnere, mit einer Grubenbahn in den St.-Ignaz-Stollen. Er ist ein Relikt des historischen Kupferbergbaus bei Prettau, der im Jahr 1479 erstmals urkundlich erwähnt wurde, möglicherweise aber sogar prähistorische Wurzeln hat. Zeitweise war der Abbau so ergiebig, dass die Konkurrenz im Nordtiroler Schwaz, die um ihre Absätze fürchtete, beim Landesfürsten Sigmund ein Schürfverbot für die Ahrntaler erwirkte. Der Weg hinauf zum Rötkreuz ist als Lehrpfad gestaltet und führt an mehreren Stolleneingängen (Mundlöcher) vorbei. Im Bereich des obersten Stollens tritt der Kupfererzkörper zutage (Ausbiss); hier dürften die frühesten Schürfversuche stattgefunden haben.

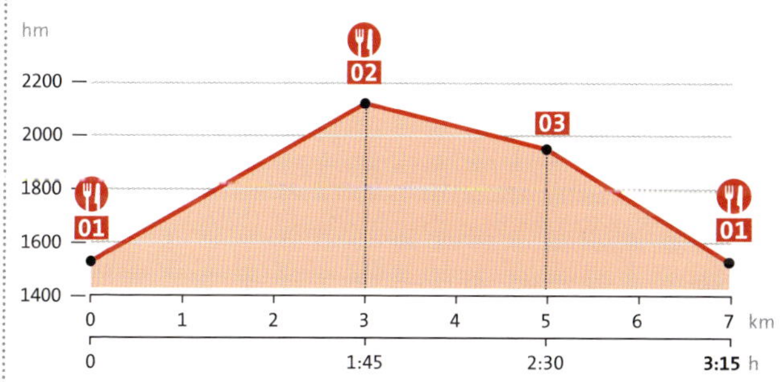

01 Parkplatz Schaubergwerk, 1525 m; 02 Rötalm, 2116 m; 03 Bruggeralm, 1945 m

Ein kühler Schluck aus der Flasche: auf der Rötalm.

Die Wanderung startet am **Parkplatz** 01 des Schaubergwerks Prettau (1525 m). Der Weg führt ansteigend in den Wald und weiter zum Bergstöckl (1674 m), wo ein Zustieg von Kasern mündet. Weiter mit dem Lehrpfad bergan, vorbei an Abraumhalden und Stollenlöchern. Links stiebt der Rötbach über eine Felsstufe herab (Abstecher markiert), rechts kommt der Weg von der Bruggeralm herüber. Der Lehrpfad endet beim Rötkreuz (2080 m) am Eingang ins Röttal.

Nun neben dem Bach flach zur **Rötalm** 02 (2116 m). Großartig die Kulisse mit dem mächtigen Gletschergipfel der Rötspitze (3495 m). Hinter der Almhütte erstreckt sich das Rötmoos, ein Feuchtbiotop mit interessanter Flora und Fauna.

Der Abstieg führt zunächst zurück zum Rötkreuz, wo man links den Weg zur **Bruggeralm** 03 (1945 m) einschlägt. Zunächst ohne Höhenverlust, dann allmählich absteigend, läuft er hinüber zu der schön gelegenen Alm. Packender Blick übers Tal auf den mächtigen Rauhkofel (3251 m), aus dem die „Italianisierer“ um Signore Tolomei vor hundert Jahren gleich einen Rauchkofel (Monte Fumo) machten.

Von der Almhütte kurz zurück, dann mit der Markierung 3 hinab zum Hinweg und auf ihm weiter bergab zum **Schaubergwerk** 01.

Sommerfrische für Vierbeiner auf der Rötalm.

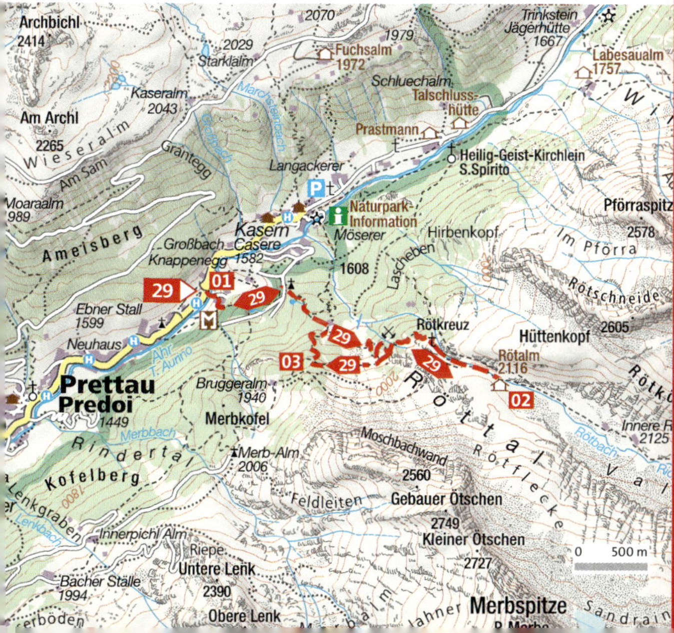

LENKJÖCHL • 2590 m

Beliebte Pass- und Hüttenwanderung

15 km | 5:15 h | 1020 hm | 1020 hm | 82

START | Kasern (1592 m), oberstes Dorf im Ahrntal, 27 km von Sand in Taufers.
[GPS: UTM Zone 32 x: 737.667 m y: 5.215.590 m]
CHARAKTER | Recht lange, aber nie langweilige Runde. Hauptdarsteller: die vergletscherte Rötspitze. Wende- und Einkehrpunkt: die Lenkjöchlhütte.

Ganz hinten im Ahrntal stehen zwei vergletscherte Dreieinhalbtausender: die Rötspitze und die Dreiherrnspitze (3499 m).

Die Rötspitze ist absoluter Blickfang auf der Runde über das Lenkjöchl, besonders schön aus dem Röttal. Besteigen werden den Gipfel nur gute Alpinisten, die sich im Fels und Eis gleichermaßen sicher zu bewegen wissen (ab Lenkjöchlhütte gut 3 Std.).

Die Runde startet in **Kasern** 01 (1592 m), führt kurz hinab zur Ahr, über den Bach und weiter zur Rötbrücke (1608 m). Dahinter im Wald aufwärts zu dem vom Bergbaumuseum heraufkommenden Lehrpfad (siehe Tour 29). Mit ihm bergan zum Rötkreuz (2080 m) und weiter zur **Rötalm** 02 (2116 m). Nun flach taleinwärts, mit freier Sicht auf die mächtige Fels- und Eispyramide der Rötspitze (3495 m).

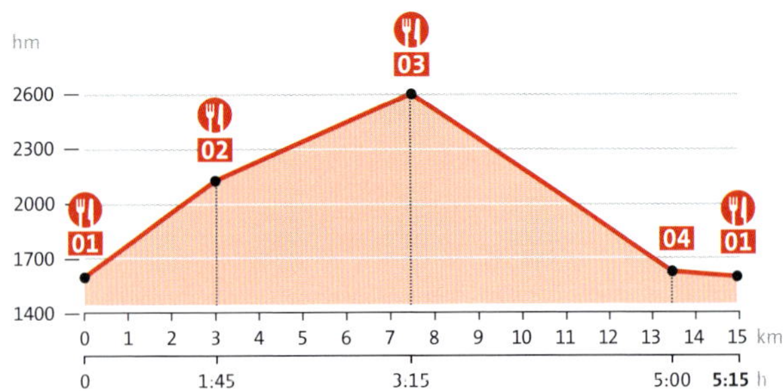

01 Kasern, 1592 m; 02 Rötalm, 2116 m; 03 Lenkjöchl, 2590 m; 04 Heilig Geist, 1621 m

Wenig oberhalb des Lenkjöchls steht die Alpenvereinshütte.

Fels, Eis und Geröll am Lenkjöchl.

Die kommt beim weiteren Anstieg immer näher, ist oben am **Lenkjöchl** 03 (2590 m) fast schon zum Greifen nahe. Knapp oberhalb der Wasserscheide zwischen Röt- und Windtal steht seit über einem Jahrhundert die Lenkjöchlhütte, im Jahre 1887 feierlich eröffnet und seit 1891 bewirtschaftet – ein echtes Bergsteiger-Refugium. Der Abstieg führt in Kehren hinunter in den innersten Boden

des Windtals. Vorbei an einem stiebenden Wasserfall wandert man über die blumenreichen Almböden hinaus zur Labesaualm (1757 m). Weiter auf einer Sandstraße zum gotischen Kirchlein **Heilig Geist** **04** (1621 m), das an einen mächtigen Felsblock gebaut wurde. Der erfüllt im Winter seine Funktion als Lawinenbrecher. Der Ahr entlang spaziert man zurück nach **Kasern** **01**.

DER LAUSITZER HÖHENWEG

Aussichtswanderung über dem innersten Ahrntal

20 km | 6:45 h | 975 hm | 975 hm | 82

START | Kasern (1592 m), oberstes Dorf im Ahrntal, 27 km von Sand in Taufers.
[GPS: UTM Zone 32 x: 737.667 m y: 5.215.590 m]
CHARAKTER | Herrlich aussichtsreicher Höhenweg am Zillertaler Hauptkamm, vor mehr als hundert Jahren von der AV-Sektion Lausitz angelegt. Zustieg über den historischen Tauernweg. Kondition und Trittsicherheit unerlässlich, kurze gesicherte Passagen.

Die große Tour beginnt gemütlich als Straßenwanderung, führt von **Kasern** 01 (1592 m) zunächst taleinwärts nach Trinkstein (1667 m), wo Ausflügler gerne ein- und umkehren. Wenig weiter zweigt links der alte **Tauernweg** 02 (1729 m) ab.

Er steigt hinauf zur Tauernalm (2018 m) und dann in vielen weiteren, kunstvoll trassierten Kehren über die Saugrube zum Krimmler Tauern (2633 m). Wenig unterhalb des Passes stößt man auf den Lausitzer Höhenweg. Mit ihm rechts zur ehemaligen **Neugersdorfer Hütte** 03 (2567 m). Die AV-Sektion aus der Lausitz würde sie gerne wiedereröffnen; die Finanzieri weigern sich aber bislang, das Haus ans Land Südtirol zurückzugeben.

Der Lausitzer Höhenweg quert, in etwa die Höhe haltend, das stei-

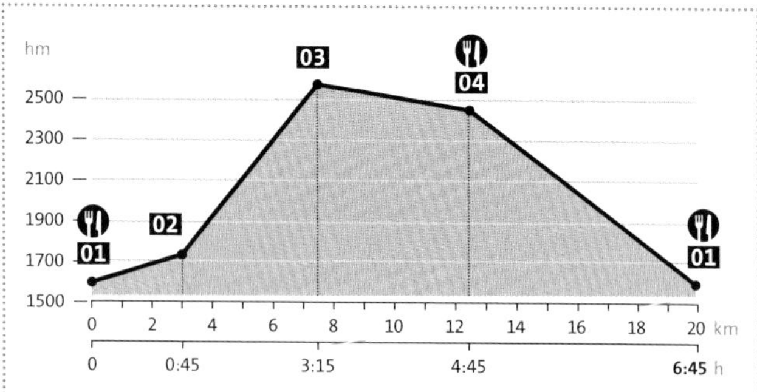

01 Kasern, 1592 m; 02 Abzw. Tauernweg, 1729 m; 03 Neugersdorfer Hütte, 2567 m; 04 Birnlückenhütte, 2441 m

Kunstvoll angelegt: der alte Tauernweg. Blick zur Dreiherrnspitze.

nige Kerrachkar. Blickfang ist die Dreiherrnspitze (3499 m), die sich majestätisch über dem Talschluss aufbaut. Am Ansatzpunkt der Pfaffenschneide folgt eine kurze gesicherte Passage, „Teufelsstiege" genannt (Holzstufen, Drahtseil).

In einem weiten Bogen geht's unter dem Klockerkarkopf (2912 m), bei den Italienern Vetta d'Italia, hindurch. Ettore Tolomei verdanken die Südtiroler diese „Auszeichnung"; allerdings irrte er sich, handelt es sich doch beim Westlichen Zwillingskopf und nicht beim Klockerkarkopf um den nördlichsten Punkt Italiens.

Nach kurzem, wenig steilem Abstieg erreicht man die **Birnlückenhütte** **04** (2441 m). Sie hat ihren Namen von dem nahen Übergang in den Salzburger Pinzgau. Hier beginnt der lange Talabstieg bzw. Rückweg. Versüßt wird er durch mehrere, im Sommer bewirtschaftete Almen, die zur Pause und Stärkung einladen. In **Kasern** **01** endet eine große und großartige Tour.

Stützpunkt an der großen Runde: die Birnlückenhütte.

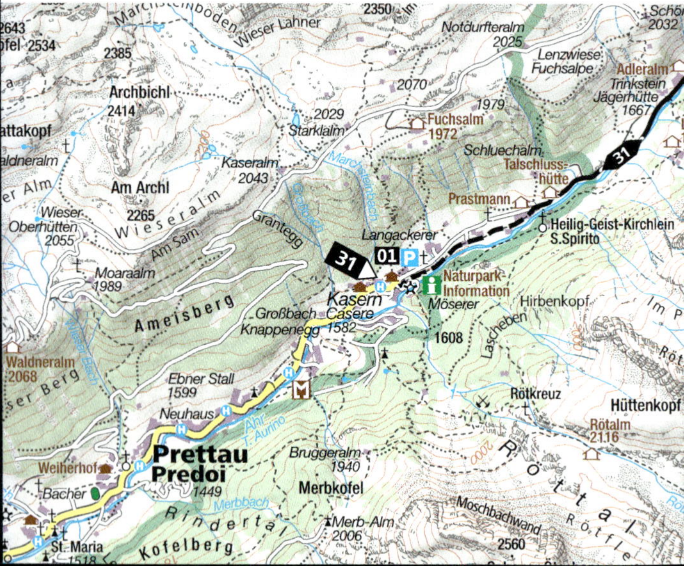

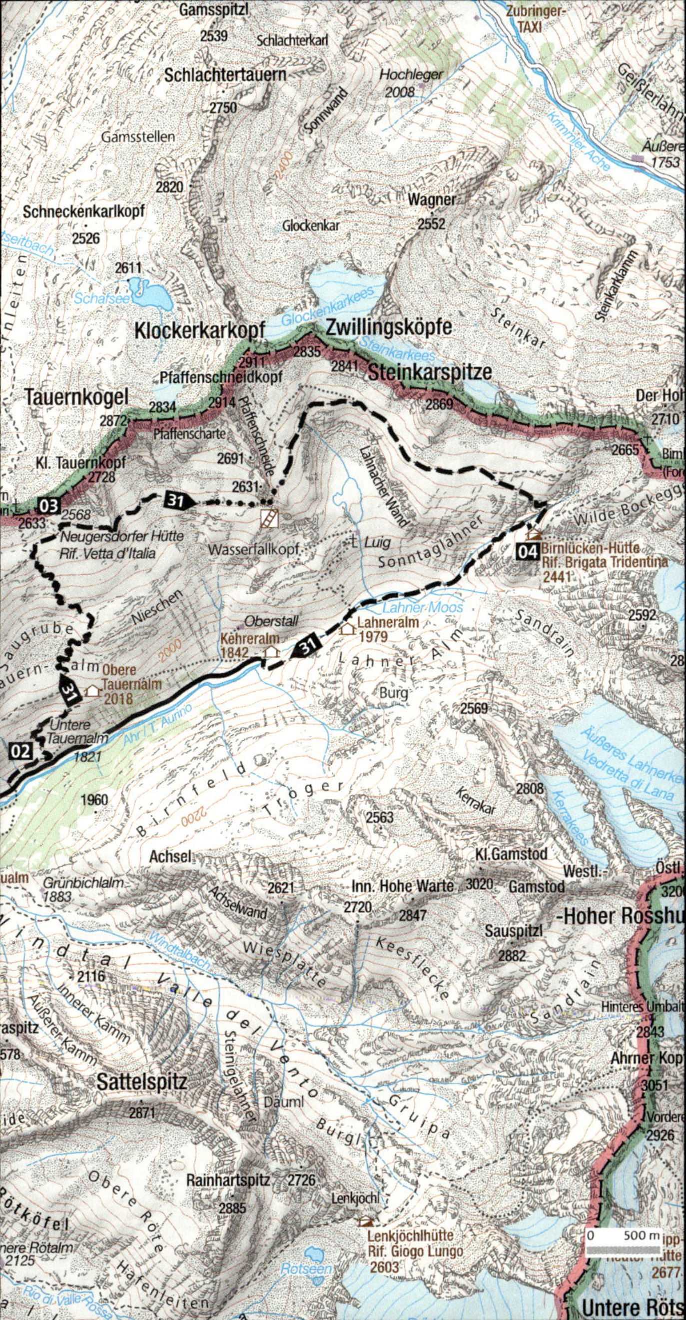

Gamsspitzl
2539
Schlachterkarl
Zubringer-TAXI
Schlachtertauern
Hochleger
2008
2750
Sonnwand
Geißlerlahn
Gamsstellen
Krimmler Ache
Äußere
1753
2820
Wagner
Schneckenkarlkopf
Glockenkar
2552
2526
2611
Schafsee
Glockenkarkees
Steinkarklamm
Steinkar
Klockerkarkopf
Zwillingsköpfe
2911
2835
Steinkarkees
2841
Steinkarspitze
Pfaffenschneidkopf
Tauernkogel
2834
2914
2869
Der Hoh
2710
2872
Pfaffenscharte
Pfaffenschneide
2665
Kl. Tauernkopf
2691
Lahnacher Wand
2728
2631
31
03
2633
2568
Wilde Bockegg
Neugersdorfer Hütte
Rif. Vetta d'Italia
Wasserfallkopf
Luig
Sonntaglahner
04
Birnlücken-Hütte
Rif. Brigata Tridentina
2441
Nieschen
Lahner Moos
Oberstall
Lahneralm
1979
2592
Sandrain
Saugrube
Kehreralm
1842
31
Lahner Alm
Tauern-alm
Obere Tauernalm
2018
31
Burg
2569
Untere Tauernalm
Ahr / T. Aurino
Äußeres Lahnerkees
Vedretta di Lana
02
1821
Birnfeld
Tröger
2808
Kerrakar
Kerrakees
1960
2563
Achsel
Kl. Gamstod
Westl.
Östl.
Grünbichlalm
1883
2621
Inn. Hohe Warte
3020
Gamstod
3200
Achselwand
2720
2847
Hoher Rossh
Sauspitzl
Windtalbach
Wiesplatte
2882
Windtal
Valle del Vento
Keesflecke
Sandrain
2116
Innerer Kamm
Hinteres Umbal
Äußerer Kamm
2843
Ahrner Kop
Sattelspitz
Steinigelahner
3051
2871
Däuml
Gruipa
Vordere
Burgl
2926
Obere Röte
Rainhartspitz
2726
2885
Lenkjöchl
Rötköfel
Lenkjöchlhütte
Rif. Giogo Lungo
2603
0
500 m
Innere Rötalm
2125
Rötseen
Hafenleiten
Rio di Valle Rossa
2677
Untere Röt

DIE ROTE WAND • 2818 m

Aussichtskanzel über dem Staller Sattel

10,5 km | 5:00 h | 950 hm | 950 hm | 82

START | Staller Sattel (2052 m), Übergang vom (Südtiroler) Antholzer Tal ins (Osttiroler) Defereggental. Verkehr ab Antholzer See zeitlich geregelt; Bergfahrt im dritten, Talfahrt im ersten Viertel jeder Stunde.
[GPS: UTM Zone 32 x: 743.758 m y: 5.197.659 m]
CHARAKTER | Recht alpine Gipfeltour, Trittsicherheit unerlässlich! Vom Gipfel faszinierender Tiefblick auf den Antholzer See, darüber der Hochgall (3436 m), Hauptgipfel der Rieserfernergruppe.

Die Rote Wand gehört zu jenen Gipfeln, die vor allem der Aussicht wegen besucht werden. Blickfang im Panorama ist die steinerne Phalanx der Rieserfernergruppe mit Hochgall und Wildgall, die sich urgewaltig über dem tiefgrünen Spiegel des Antholzer Sees aufbaut; im Süden steht das Sägezahnprofil der Dolomiten. An besonders klaren Tagen, etwa im Herbst oder wenn der Nordföhn vom Alpenhauptkamm herab bläst, zeigt sich fern im Westen der weiße Dom des Ortlers (3905 m), im Südosten der höchste Gipfel Sloweniens, der Triglav (2864 m).

▶ Vom **Staller Sattel** 01 (2052 m) wandert man auf gutem, nur leicht ansteigendem Weg in das sich von Süden öffnende Agsttal. Dabei gibt die Regelspitze

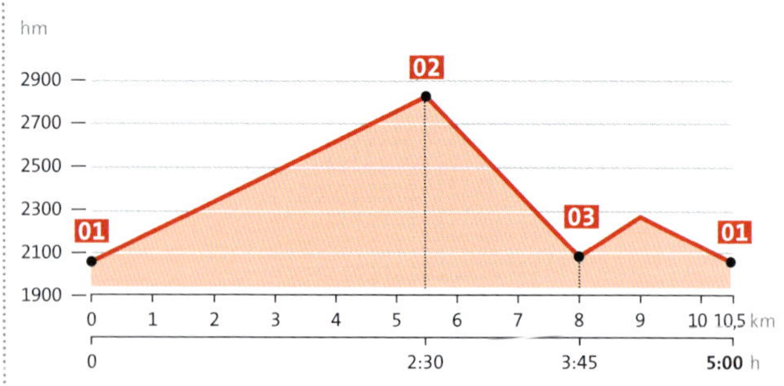

01 Staller Sattel, 2052 m; 02 Rote Wand, 2818 m; 03 Obere Steinzgeralm, 2076 m

Hintere Ohrenspitze
3005
3101
Gr. Ohrenspitze
Almerkees
2985
Almerhorn
2862 Jagerscharte
Großes Mandl
2818
Kleines Mandl
2591
2613
Almersaulen
Obersam
Staller Alm
1968
Staller Almbach
Staller Alpe
Ahornleiten
2000
Langwald
Ohrenklamm
Einbahnregelung
Traffico limitato
Staller Bach
Enzianhütte
1650
Restaurant
2175 Alpengasthaus Obersee
Obersee
(2016)
Staller Sattel
P.so Stalle
2052 Staller Alpe
Hexenschenke
32
01
Zinsental
2497
Roßkopf
2548
Weißenbächtal
2491
Innerrodelgungge
2729
Halsscharte
2549
Hinterbergkofel
2727
Moosach
Montalbach
1894
Steinzgeralm
(Montalalm)
Steinzgeralm
03
Obere Steinzgeralm
2076
Hintermontal
Agsttal
Zinsscharte
Bergl
Eizenbach
02
Ackstaller See
Rote Wand
Croda Rossa
2818
Rötelspitz
2735
2768
Edelweißknopf
(Kaserspitz)
2734
Hexenscharte
Forc. di M. Regola
2578
Auksterspitz
2775
Regelspitze
M. Regola
2747
2755
Höllenstein
2636
Kapaiernalm
Maier Riedl
2538
2470
Kasertal
Durraalm
2458
Hinterkapaire
2058
Atzberg
1926
Hoher Mann
2593
Klausebach
2400
Pfinn
Aschtalm
Stammer Alm
Pfinnbach
Kapaire Alm
Pfinnscharte
2395
Pfinnalm
2152
0
500 m
Karbacher Berg
(Fellhorn)
Monte Quaina
2518

Antholzer See und Hochgall von der Roten Wand.

(2775 m) zunächst die Richtung vor: südwärts! Noch nicht zu sehen ist die Rote Wand; ihr kreuzgeschmückter Gipfel kommt erst im Talinnern ins Blickfeld. Hier gabelt sich der Weg: geradeaus zur Hexenscharte, rechts zur Roten Wand. Wer sich nicht mit unfreundlichen, auf Besen reitenden Weibern anlegen will, folgt den Markierungen durch das einsame Hochkar, aus dem da und dort ein dunkles Seeauge blinkt, bergan.

Zuletzt geht es aus einer kleinen Scharte über Schrofen und leichte Felsen zum Gipfelkreuz an der **Roten Wand** 02 (2818 m).

Der Abstieg folgt zunächst kurz dem Westgrat, leitet dann (Hinweis) in die felsige Nordflanke. Bestens markiert über den steilen Hang abwärts ins Blockgelände und über die ausgedehnten Almböden von Hintermontal weiter talwärts, zuletzt auf guter Spur zwischen Alpenrosenfeldern.

Bei der **Oberen Steinzgeralm** 03 (2076 m) wird aus dem Ab- nochmals ein (gut rund 30-minütiger) Anstieg hinauf in einen weiten Wiesensattel (2261 m). Jenseits abwärts ins unterste Agsttal und auf dem Hinweg zurück zum **Staller Sattel** 01.

LUTTERKOPF UND RUDLHORN • 2448 m

Über zwei Gsieser Aussichtsgipfel

13,5 km | 6:15 h | 920 hm | 920 hm | 82

START | Wanderparkplatz (1617 m) oberhalb des Berggasthofs Mudler; Anfahrt von Welsberg via Taisten.
[GPS: UTM Zone 32 x: 735.615 m y: 5.185.752 m]
CHARAKTER | Teilweise etwas raue, am Westgrat des Rudlhorns felsige Wege. Für die kürzere Runde über Lutterkopf und Durakopf muss man mit einer Gehzeit von gut 4 Std. rechnen.

Lutterkopf, Durakopf und vor allem das Rudlhorn gelten als sehr dankbare Aussichtswarten über den Tälern von Antholz und Gsies, auf markierten Wegen leicht erreichbar. Lutterkopf und Durakopf ergeben zusammen eine mäßig anstrengende Kammwanderung, in Verbindung mit einer Besteigung des Rudlhorns resultiert eine Runde, für die Ausdauer und Trittsicherheit notwendig sind. Faszinierend die Tief- und Fernblicke: graue Gipfel über grünen Talfluren, im Nordwesten die Rieserfernergruppe, im Süden die Dolomiten.

Die Tour startet am **Parkplatz** 01 (1617 m) oberhalb des Mudlerhofs auf einer Forststraße. Man verlässt sie nach der ersten Kehre (Hinweis) und folgt der Markierung 31 steil bergan. Der Weg kreuzt noch zweimal die in weiten Schleifen verlaufende

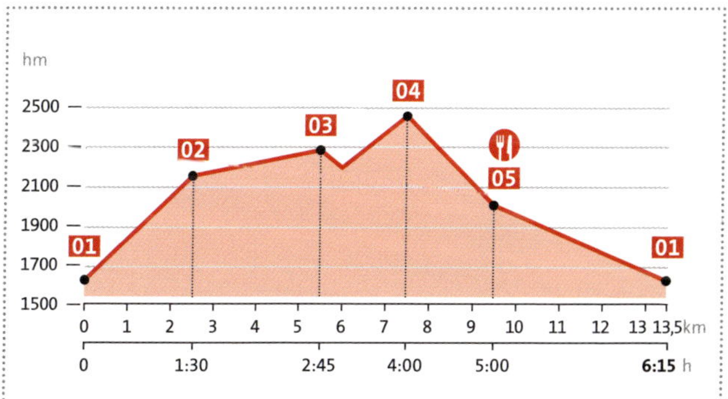

01 Parkplatz, 1617 m; 02 Lutterkopf, 2145 m; 03 Durakopf, 2275 m; 04 Rudlhorn, 2448 m; 05 Taistner Sennhütte, 2012 m

Am Gipfel des Rudlhorns, im Abendlicht Sextener Dolomiten, Dürrenstein und Hohe Gaisl.

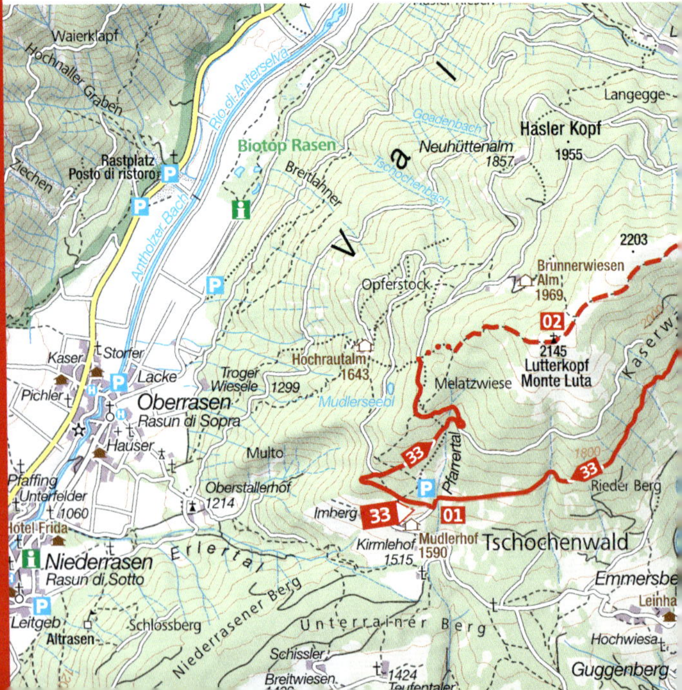

Piste. Er ist angenehm schattig, bietet aber wenig Aussicht.

Erst spät kommt man aus dem Wald, öffnet sich der Blick übers Pustertal auf die Dolomitenzacken. Zuletzt über den Grashang zum Gipfel des **Lutterkopfs** 02 (2145 m).

Vom ersten Hochpunkt aus ist der Weiterweg gut zu überblicken: kurz abwärts, dann rechts des Grates um einen namenlosen Buckel herum und hinauf zum **Durakopf** 03 (2275 m).

Lediglich noch einen Kilometer entfernt (in der Luftlinie) ist das Rudlhorn, der dritte Hochpunkt des Tages. Zunächst geht es hinab in die weite Wiesensenke (2186 m) vor dem Gipfel. Wem die anstehenden knapp 300 Höhenmeter zu viel sind, kann auf einem Fahrweg gemütlich hinabwandern zur Taistner Sennhütte.

Zum **Rudlhorn** 04 (2448 m) geht's zunächst weglos über Wiesen aufwärts gegen die auffallende Scharte im Nordostgrat, zuletzt steiler, aber mit deutlicher Spur. Am Kamm leicht zum höchsten Punkt.

Der Abstieg folgt dem felsdurchsetzten Westgrat (Trittsicherheit!), führt zuletzt über Wiesen und durch lichten Wald zu der im Sommer bewirtschafteten **Taistner Sennhütte** 05 (2012 m). Auf breiter Sandstraße zurück zum **Parkplatz** 01.

34

ALMWEG 2000

Milch und Käse

15,5 km | 5:00 h | 790 hm | 790 hm | 50

START | Parkplatz bei der Talschlusshütte (1465 m); Anfahrt von Welsberg durch das Gsieser Tal.
[GPS: UTM Zone 32 x: 747.680 m y: 2.192.658 m]
CHARAKTER | Gemütliche Alm- und Höhenwanderung im inneren Gsies mit mehreren Einkehrmöglichkeiten unterwegs. Auch kürzere Varianten möglich.

Das Gsies ist kein Tal alpiner Sensationen; markante Gipfelzacken sucht man ebenso vergebens wie leuchtendes Gletscherweiß. Dafür ist hier noch manches ursprünglicher als anderswo, den bäuerlichen Wurzeln Südtirols näher.

Auf den Almen weidet im Sommer das Vieh, wird da und dort noch gekäst. Und eine Marende gibt's natürlich auch, Aussicht über die Gsieser Berge inklusive.

Der „Weg 2000“ verbindet mehrere Gsieser Almen und eröffnet so die Möglichkeit für schöne, mäßig anstrengende Wanderungen – besonders lohnend im Herbst, wenn die Wälder sich verfärben und die Lärchenbestände golden aufleuchten.

Ausgangspunkt der Runde ist die **Talschlusshütte** 01 (1465 m), und gleich zum Auftakt stehen fast 600 Höhenmeter an, teilweise allerdings bei moderater

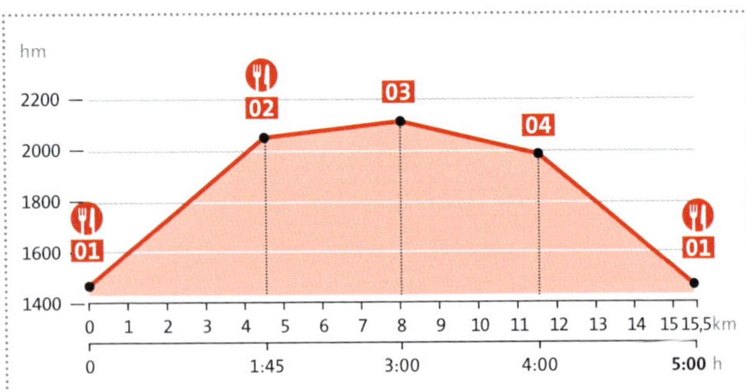

01 Talschlusshütte, 1465 m; 02 Uwaldalm, 2042 m; 03 Kipfleralm, 2104 m; 04 Tscharniedalm, 1976 m

Hochkreuzspitze
2739
Schnitzgraben
Unteres Hochkreuz
2631
Pfoisattel
2608
2604
2691
2711
Hellboden
Inneres Schartl
2539
2633
Äußeres Schartl
2588
Hanser-Hütte
Schealten
Pidig
Kradorfer Alm
Messnerhütte
Spörl
Stadllahne
Hinterbergkofelalm
Acherle
1867
2077
Ochsenweide
Ramstall
Ramstall Bach
Weißbach
Platte
Spielbühel
2272
Vier Schupfen
2134
Keiler Hütte
Pfoialm
Sandwehren
02
Uwaldalm
2042
Moos Alm
1477
St. Anna
Burgerhof
Pfolbach
Neukaser
Tisch
Klein Kasergunge
Rieper
Kaseralm
2076
2574
Rotmoos
Hackler
Burger
Talschlusshütte
Poloskreuz
Gostner Hütte
Mahdgunge
Stumpfalm
Gr. Heimw
2755
Mahdhütte
Altkaser
Kl. Heimwald
2641
1465
Wolkastol
1591
34
01
Dörfl
Stammer
Holzlege
Stumpfalm
1968
Ackerle
Schafried
Steinrind
Kipfelleiten
Kipfleralm
2104
Stieresboden
Haspinger
First
03
Keilerbach
Felderer
Schau-Bauernhof
Reierhof
Gatterer
Stroblärch
2021
Platze
Kasermähder Alpe
2048
Kradorfer
1374
Hotel Quelle
Burg
Marderfalle
Kradorfer Hütte
1928
Hirnberg
1417
Gail
2494
04
Tscharniedalm
1976
Schuher
1317
Weißplatte
2326
Kalksteinerjöchl
Tolden
Hochstein
2464
Richterpfarrer
2239
Gerichtshals
Körlspitze
2612
Schnadige
Ausserlipper
Lenke
2515
Unterlip
Bannwald
Multe
Laninger
Multerspitze
2515
Außerhütten
Versellltal
Gsies
Valle di
Randlhütte (Hinterschuer Alm)
1862
Stolla
Tolder Hütte
1940
2064
Schartl
2165
1942
Sprudlplatz
Stegele
Schusterhütte
2056
0
500 m
Pürglesgungge
2500
Rosserspitz

Die Kaseralm; hinten Uwaldalm und Regelspitze.

Steigung mit einer Sandstraße. Auf der **Uwaldalm** 02 (2042 m) beginnt die Almen- und Aussichtswanderung, immer knapp oberhalb oder unter der 2000er – Höhenkote. Der Weg führt zunächst flach an der Sonnseite des Pfoitals zur gleichnamigen Alm, wo man den Pfoibach kreuzt. Ohne nennenswerte Höhenunterschiede, aber mit freier Sicht übers Gsies zur Kaseralm (2076 m) und weiter zur **Kipfleralm** 03 (2104 m).

Dahinter geht's sanft abwärts zur Kasermähderalm (2048 m), dann steiler hinunter zum Köflerbach. Übers Wasser und in leichtem Auf und Ab um einen Höhenrücken herum zur **Tscharniedalm** 04 (1976 m). Abschließend auf der Straße durchs Tscharniedtal hinab und hinaus zur **Talschlusshütte** 01.

In lichten Wäldern recht häufig: der Türkenbund.

ÜBER DIE PRAGSER HOCHALM

Verstecktes Paradies in den Pragser Dolomiten

16,5 km | 5:30 h | 736 hm ↗ | 736 hm ↘ | 57

START | Parkplätze vor dem Pragser Wildsee. Die Zufahrt wird MItte Juli bis Mitte September gesperrt, sobald sie voll sind!
[GPS: UTM Zone 32 x: 735.841 m y: 5.176.563 m]
CHARAKTER | Recht lange Tal- und Höhenwanderung auf markierten Wegen. Abstieg von der Pragser Furkel rau und steil. Die ausgedehnte Hochalm ist Sommerfrische für das Vieh und Pferdeweide; das ganze Jahr über leben auf diesem versteckten Paradies „pfiffige" Nager: Murmeltiere.

Die große Runde über die Hochalm darf man getrost als Geheimtipp bezeichnen, trotz (oder gerade wegen) der Nähe von Pragser Wildsee und Seekofel (2810 m). Da wollen alle hin, die Highlights der Pragser Berge erleben – und gleich nebenan ist der Bergwanderer (meistens) allein. Wie eben auch am Weg über die Hochalm, die weder von Norden, von Olang aus, noch aus dem Grünwaldtal überhaupt zu sehen ist. Umso größer dann die Überraschung, wenn die riesige grüne Schräge nach dem langen Aufstieg ins Blickfeld kommt.

▶ Die Wanderrunde beginnt als Uferspaziergang, führt vom **Parkplatz** 01 (1489 m) auf einem Fahrweg zunächst zum oberen Ende des malerischen Pragser Wildsees, dann rechts ins Grünwaldtal. Man

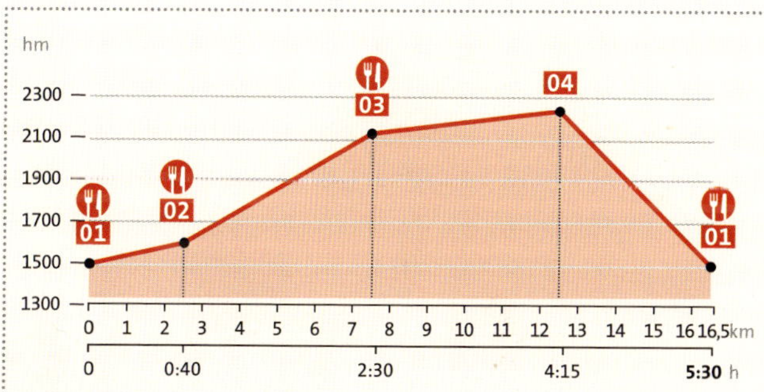

01 Pragser Wildsee, 1489 m; 02 Grünwaldalm, 1590 m; 03 Hochalmhütten, 2114 m; 04 Pragser Furkel, 2225 m

Typisch für die Pragser Dolomiten: brüchiges Gestein und als Folge mächtige Schuttströme.

durchwandert es auf seiner ganzen Länge, vorbei an der **Grünwaldalm** 02 (1590 m).

Dabei bieten sich schöne Einblicke in zwei „Herzkammern" der Pragser Dolomiten, ins Seitenbach- und ins Lärchental. Unübersehbar sind die gewaltigen Schuttströme, die aus ihren Flanken herabziehen, klar machen, weshalb diese Berge bei Kletterern keinen guten Ruf genießen. Hinter dem Alten Kaser (1751 m) beginnt der Weg stärker anzusteigen.

Bei den **Hochalmhütten** 03 (2114 m) ist dann eine Pause fällig, ehe man den Weiterweg unter die Füße nimmt. Er tangiert das Joch von Slapadures (2203 m); an dem von Edelweiß übersäten Südrücken des Flatschkofels wird dann – endlich! – der Blick auf die Pragser Hochalm frei, die südseitig über mächtige Felsen ins Grünwaldtal abbricht.

Man traversiert die Schräge auf einem guten Weg, erst noch ein wenig an Höhe gewinnend, bis zu der fast drei Kilometer entfernten **Pragser Furkel** 04 (2225 m) hinüber. Hier, am Randabbruch der Hochalm, haben die Hirten einen Zaun der besonderen Art angelegt: eine Mauer, Stein über Stein aufgeschichtet, die sich gegen den Kaserkopf hinaufwindet. Mini-China in Südtirol?

Idylle im innersten Grünwaldtal: die Hochalmhütten. Blick auf Seekofel und Cima di Riciogogn.

Der Abstieg zur Kaserhütte ist steil und steinig; wen das Knie zwickt, wird hier froh um seine Wanderstöcke sein. Deutlich angenehmer dann das letzte Wegstück, vorbei am Hof Riedl und zurück zum Parkplatz am **Pragser Wildsee 01**.

SEEKOFEL • 2810 m

Große Gipfelrunde über dem Pragser Wildsee

19,5 km | 8:00 h | 1450 hm | 1450 hm | 57

START | Parkplätze vor dem Pragser Wildsee. Die Zufahrt wird MItte Juli bis Mitte September gesperrt, sobald sie voll sind!
[GPS: UTM Zone 32 x: 735.841 m y: 5.176.563 m]
CHARAKTER | Lange, aber spannende Gipfeltour mit packenden Kontrasten: zerklüftete Felsen und gewaltige Schuttströme auf der Pragser Seite, weite Almen und Kare im Süden. Gipfelanstieg zum Seekofel felsig mit Sicherungen.

Um fast anderthalb Kilometer überragt der Gipfel des Seekofels den Spiegel des Pragser Wildsees, und das sagt einiges aus über die Dimensionen des Bergstocks – und die Länge der Tour. Denn die führt nicht nur auf den Gipfel zur großen Aussicht, sondern anschließend quer über die steinigen Wiesen der Sennesalm in die Seitenbachscharte und erst dann hinunter ins malerische Grünwaldtal: großartig, wirklich.

Im Anstieg zum Seekofelgipfel.

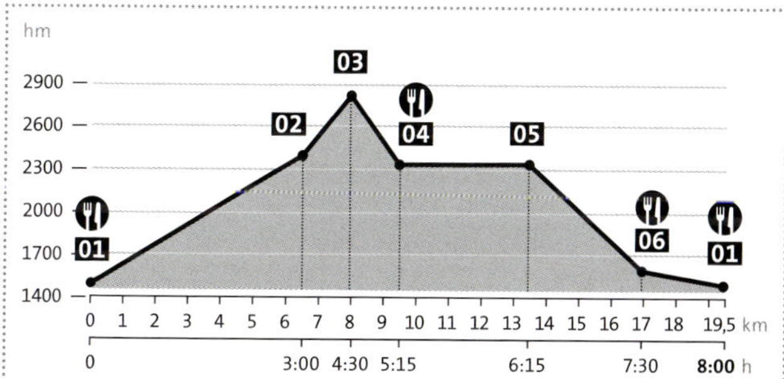

01 Pragser Wildsee, 1489 m; **02** Ofenscharte, 2388 m; **03** Seekofel, 2810 m; **04** Seekofelhütte, 2327 m; **05** Seitenbachscharte, 2331 m; **06** Grünwaldalm, 1590 m

Stützpunkt an der großen Runde ist die Seekofelhütte. Hinter dem Haus der markant geschichtete Gipfel.

▶ Die große Runde beginnt gemütlich, führt vom **Parkplatz 01** (1489 m) mit Aussicht auf die schroffen Nordabstürze des Seekofels auf einer Sandpiste zur Mündung des Grünwaldtals und weiter zum Südende des Pragser Wildsees, wo der Anstieg beginnt.

Der sehr gut angelegte Weg steigt zwischen Geröllreißen, teilweise im Latschenunterholz, an gegen das Nabige Loch. Weiter im Zickzack hinauf zu einer Felsbarriere, die man mit Kettenhilfe problemlos überwindet. An der Verzweigung oberhalb der Steilstufe rechts und um einen Gratausläufer des Seekofels herum in das Ofenkar.

Zuletzt geht es etwas steiler in die **Ofenscharte 02** (2388 m). Hier links abwärts zur Seekofelhütte, und rechts hinauf zum Seekofel. Der Anstieg führt über den steilen, aber gestuften Felsgrat (Sicherungen) auf die riesige Gipfelabdachung des **Seekofels 03** (2810 m). Eine Geröllspur leitet zum höchsten Punkt mit packendem Tiefblick auf den Pragser Wildsee.

Auf dem Anstiegsweg zurück zur Ofenscharte. Wenig unterhalb steht die **Seekofelhütte 04** (2327 m), wo eine alte Militärstraße endet. Man folgt ihr – etwas an Höhe verlierend – westwärts. Blickfang sind hier die steil gestellten Felsschichten des Seekofels. Nach etwa einer Viertelstunde geht rechts der Weg zur **Seitenbachscharte 05** (2331 m) ab. Er führt in leichtem Auf und Ab über steinige Wiesen (Edelweiß!) in die markante Senke, bietet dabei freie Sicht auf die Ampezzaner Dolomiten. Aus der Scharte im Zickzack hinab in einen wilden, von Felsmauern umschlossenen Kessel.

Eine Steilstufe umgeht man links, ebenso den Buckel an seiner Mündung. Zuletzt überwiegend schattig abwärts zur **Grünwaldalm** **06** (1590 m) und auf der Straße zurück zum **Parkplatz** **01** am Nordende des Pragser Wildsees.

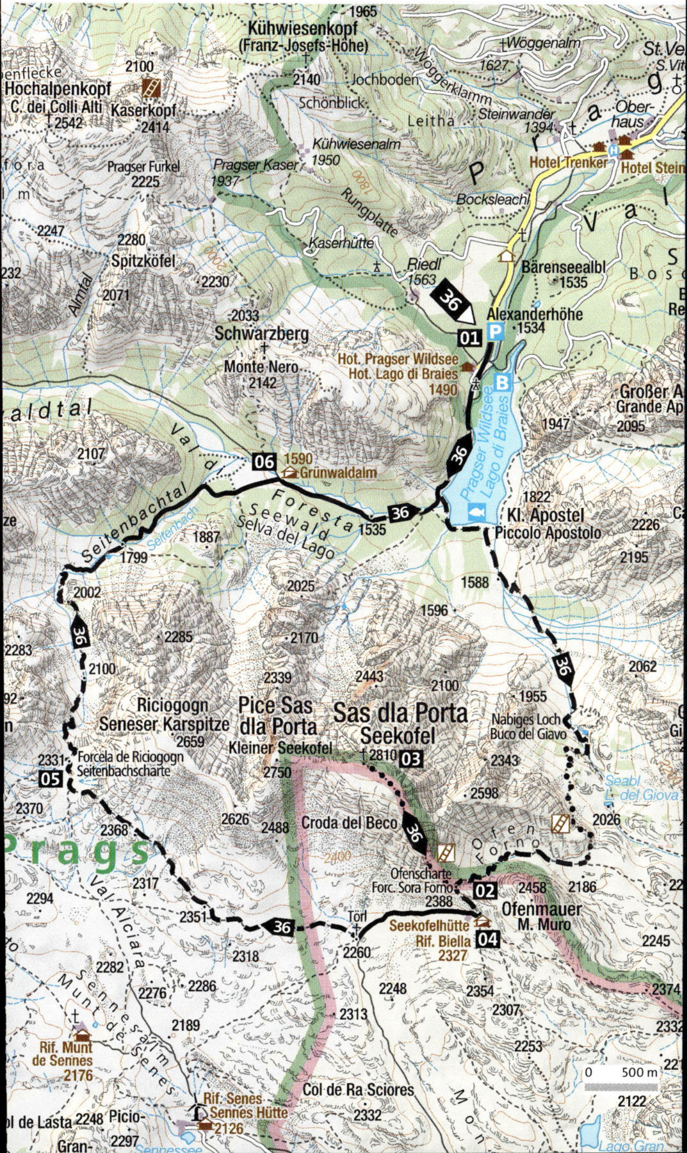

DER HERRSTEIN • 2447 m

Hochthron über dem Pragser Wildsee

11 km 5:00 h 990 hm 990 hm 57

START | Parkplätze vor dem Pragser Wildsee. Die Zufahrt wird MItte Juli bis Mitte September gesperrt, sobald sie voll sind!
GPS: UTM Zone 32 x: 735.841 m y: 5.176.563 m
CHARAKTER | Gipfeltour auf teilweise steilen und schmalen Wegen. An den Gipfelfelsen Kettensicherung.

Allein schon der Tiefblick vom Großen Apostel (1947 m) auf den Pragser Wildsee lohnt den steilen Gipfelgang; dass der den Herren der Schöpfung reserviert sei, ist allerdings Nonsens. Weg und Ausblicke freuen sie und ihn; Voraussetzungen sind allerdings eine ordentliche Kondition und ein sicherer Tritt.

▶ Vom **Parkplatz 01** spaziert man zunächst zum See, folgt dann dem Weg, der mit Aussicht auf den mächtigen Seekofel um den Nordzipfel des malerischen Gewässers herum ans Ostufer führt. Hier zweigt links ein Fahrweg ab (Hinweis „Herrstein"). Man folgt ihm ein Stück weit, biegt dann in die rot-weiß markierte Spur ein, die im Seewald kräftig ansteigt. Die Unterlage wird zunehmend gerölliger, dafür rücken die Westabbrüche des Herrsteins allmählich näher. Am Wandfuß fädelt der Weg in ein Bandsystem ein, das einen vergleichsweise leichten Anstieg zum **Großen Apostel 02** (1947 m) vermittelt. Eine Latschengasse führt rechts zu einer Bank, von der sich

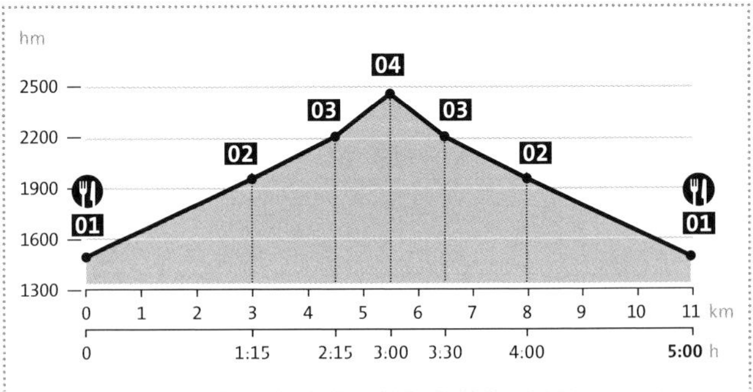

01 Pragser Wildsee, 1489 m; 02 Großer Apostel, 1947 m; 03 Weißlahnsattel, 2194 m; 04 Herrstein, 2447 m

Auf den schmalen Felsbändern unter den Westabstürzen des Herrsteins.

ein packender Vogelschaublick auf den Pragser Wildsee bietet.

Der Weiterweg leitet mit etwas Höhenverlust in den Graben zwischen Herrstein und Gametzalpenkopf. Man steigt durch ihn auf zum **Weißlahnsattel** **03** (2194 m), wo der eigentliche Gipfelanstieg startet. Im Zickzack zunächst steil aufwärts, dann unter den Felsen, kurz etwas absteigend, nach links zum Fuß des Gipfelaufbaus. Mit Kettenhilfe zum Kreuz am **Herrstein** **04** (2447 m). Abstieg auf dem gleichen Weg.

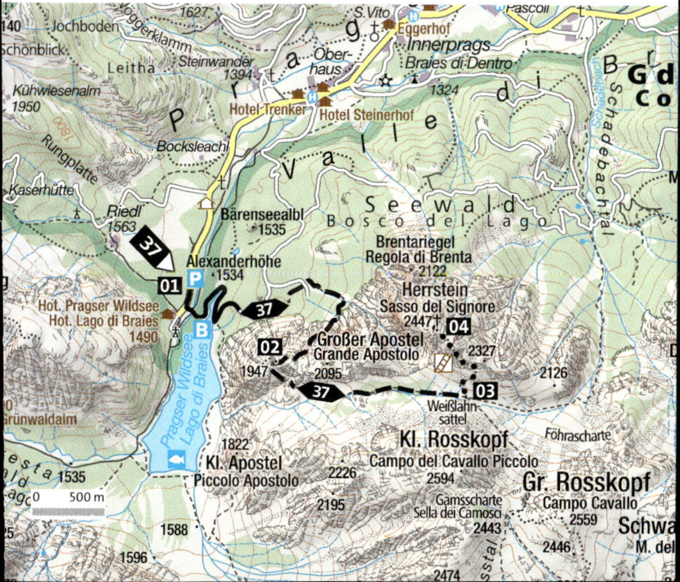

38

DER GAISL-HÖHENWEG

Durch die nordseitigen Kare des Gaislmassivs

15,5 km | 5:30 h | 890 hm | 890 hm | 57

START | Wanderparkplatz beim Gasthaus Brückele (1491 m); Anfahrt vom Pustertal via Bad Altprags.
[GPS: UTM Zone 32 x: 740.816 m y: 5.174.143 m]
CHARAKTER | Mit Ausgangspunkt Brückele recht lange Tour, Weg nach dem schweren Bergsturz an der Kleinen Gaisl teilweise neu trassiert. Im Bereich der Gaislleite verläuft der Weg über recht ausgesetzte Felsbänder (Sicherungen). Alternativ Einstieg von der Plätzwiese (Bus ab Brückele), dann Gesamtgehzeit etwa 4 Std.

Die Hohe Gaisl (3146 m) dominiert mit ihren ausladenden Felsflügeln die Pragser Dolomiten. Größer, mächtiger ist kein Gipfel zwischen dem Gader- und dem Höhlensteintal. Brüchiger allerdings auch nicht, und davon zeugen neben gewaltigen Schuttströmen, die aus ummauerten Karen bis ins grüne Vorgelände herabziehen, auch ein paar einprägsame Bezeichnungen wie Schlechtgaisl oder Rauhe Gaisl. Ihren italienischen Namen – Croda Rossa – verdankt die Hohe Gaisl jenen Wandausbrüchen, die rötlich leuchten wie frische Wunden. Kein Berg, dem man sich guten Gefühls nähert, doch der Höhenweg, der die Plätzwiese mit der Roßalm verbindet, hält größtenteils respektvollen Abstand zu seinen brüchigen Mauern. Trotzdem wurde er im Sommer 2016 durch einen Bergsturz an der

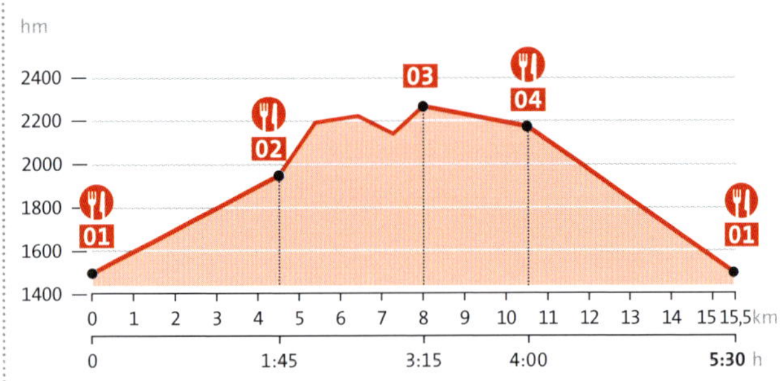

01 Brückele, 1491 m; 02 Stollaalm, 1940 m; 03 Gaislleite, 2257 m; 04 Roßalm, 2164 m

Stets im Blick auf dem Gaisl-Höhenweg: Kare und Grate des Massivs.

Was für ein Koloss! Die Hohe Gaisl von der Plätzwiese.

Kleinen Gaisl, bei dem rund eine Million Kubikmeter Fels abging, in diesem Bereich komplett verschüttet. Inzwischen ist der Weg wieder freigegeben worden.

▶ Vom **Parkplatz** 01 (1491 m) folgt man kurz der Plätzwiesestraße, kürzt dann zwei Schleifen ab und verlässt an der dritten Kehre das Asphaltband endgültig. Auf schönem Waldweg nur mäßig steil in den Stollagraben und hinauf zur schön gelegenen **Stollaalm** 02 (1940 m), wo der Zustieg von der Plätzwiese mündet. Der gut markierte Gaisl-Höhenweg führt zunächst flach in einen Graben, über den Bach und dann erst sanft, später kräftig ansteigend zu den Gumpalböden, einer flachen Talmulde. Dabei hat man freie Sicht auf den Dürrenstein und die Sextener Dolomiten; absoluter Blickfang ist allerdings die Hohe Gaisl, auch beim weiteren Anstieg im Vorfeld des Eiskars. Der Gletscher ist allerdings längst abgeschmolzen, zurückgeblieben sind Moränenbuckel und ein mächtiger Geröllstrom.

Am Höhenweg überquert man einen flachen Höhenrücken, anschließend leitet die Spur hinüber zum Nordgrat der Schlechtgaisl. Dahinter betritt man eine weitere Karmulde, quert sie hinüber zur **Gaislleite** 03 (2257 m). Auf teilweise schmalen und luftigen Bändern (Sicherungen) geht's um das Gaisele herum, dann durch das Bergsturzgelände unter der Kleinen Gaisl (2859 m) und weiter zur Sommerwirtschaft auf der **Roßalm** 04 (2164 m).

Der Abstieg erfolgt über einen geschotterten Fahrweg. Er zieht in Schleifen durch schönen Zirbenwald hinab ins Kaserbachtal. Zuletzt wandert man flach hinaus zum Startpunkt der Tour beim **Parkplatz Brückele** 01.

DÜRRENSTEIN • 2839 m

Kurzer Weg zum großen Panorama

9 km | 4:00 h | 870 hm | 870 hm | 57

START | Parkplatz Plätzwiese (1973 m); mautpflichtige Zufahrt ab Gasthaus Brückele, im Hochsommer nur bis 10 Uhr gestattet (Bus). [GPS: UTM Zone 32 x: 742.985 m y: 5.171.892 m]
CHARAKTER | Sehr beliebte Gipfeltour, an schönen Sommertagen oft Kolonnengehen. Am Anstieg kaum Schatten, Gipfelaufbau mit harmloser Felspassage (Drahtseil). Altberühmtes Panorama.

Keine Frage, der Dürrenstein gehört zu den lohnendsten Aussichtspunkten im Norden der Dolomiten und das liegt auch an seiner Randlage: hellgrau die Dolomitzacken, grünwellig das Pustertal, dunkel die Granite und Gneise im Norden, in der Rieserfernergruppe und am Alpenhauptkamm. So ein Panorama lockt viele Besucher an, und die meisten kommen aus dem Pustertal, weil man da bis an den Rand der Plätzwiese (1991 m) fahren darf. Das verkürzt den Anstieg ganz erheblich, die Anstrengung hält sich in Grenzen. Dafür wird's dann am Gipfel manchmal ziemlich eng, auch am Weg hinauf hat man viel Gesellschaft, vor allem bei verlockend schönem Wetter. Und das ist hier besonders wichtig, schließlich will man die fabelhafte Rundschau auch richtig genießen.

▶ Vom **Parkplatz** 01 (1973 m) am Nordrand der Plätzwiese kurz auf

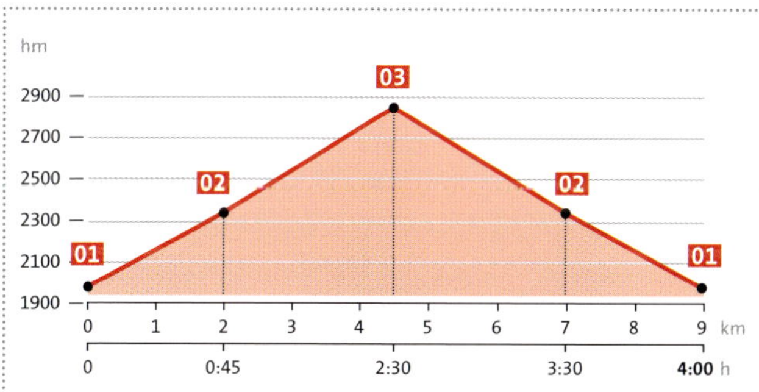

01 Parkplatz Plätzwiese, 1973 m; 02 Dürrensteinalm, 2332 m; 03 Dürrenstein, 2839 m

Dürrensteingipfel, am Horizont Zillertaler Alpen und Rieserfernergruppe.

der Straße zum gleichnamigen Gasthaus (1991 m), dann links über Wiesen sanft bergan zum quer verlaufenden „Dolomiten-Höhenweg 3“. Man verlässt ihn bereits nach zehn Minuten wieder und folgt dem Weglein, das schräg durch die kahle Südwestflanke des Bergstocks ansteigt, oberhalb der **Dürrensteinalm** 02 (2332 m) dann in Kehren zum Grat hinaufzieht. Am Kamm entlang zum Vorgipfel, dahinter über eine kurze Felsstufe abwärts (Drahtseil) und zum großen Kreuz am Hauptgipfel des **Dürrensteins** 03 (2839 m).

Abstieg auf dem Anstiegsweg.

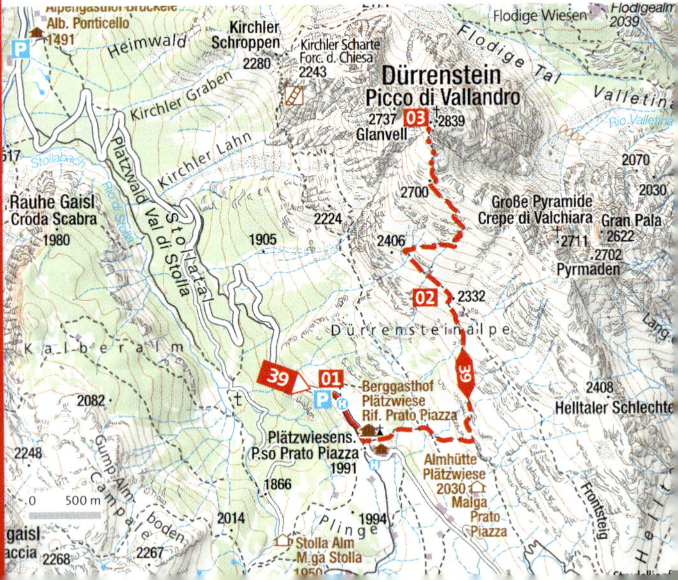

STRUDELKOPF • 2307 m

Logenplatz über dem Höhlensteintal

9,5 km | 2:45 h | 360 hm | 360 hm | 57

START | Parkplatz Plätzwiese (1973 m); mautpflichtige Zufahrt ab Gasthaus Brückele, im Hochsommer nur bis 10 Uhr gestattet (Bus). [GPS: UTM Zone 33 x: 284.210 m y: 5.170.510 m]
CHARAKTER | Familienfreundliche Halbtagswanderung vor großer Kulisse. Teilweise alte Kriegswege.

Die Plätzwiese ist eigentlich ein einziges großes Wanderrevier mit zahlreichen markierten Alm-, Hang- und Gipfelwegen. Nur ein Berg – allerdings der größte hier – ist für Wanderer absolut tabu: die Hohe Gaisl (3146 m). Auch Kletterer meiden den Dreitausender seines fies-bröseligen Gesteins wegen. Ganz anders der Strudelkopf, gerade mal eine Wanderstunde über der Plätzwiese und ein ideales Ziel für die ganze Familie. Dazu passt dann hinterher der (Apfel-) Strudel auf dem Teller bestens …

▶ Vom **Parkplatz 01** (1973 m) folgt man der ehemaligen Militärstraße, die nach kurzem Anstieg flach über die Hochalm verläuft. Blickfang ist das mächtige Bergmassiv der Hohen Gaisl mit ihren ausladenden Graten und düsteren Karwinkeln. Dass hier einst Frontgebiet war, macht dem Wanderer das schlichte Denkmal, nur ein paar Schritte vom Parkplatz, klar: „Hier fand eine Geschützbedienung durch einen Volltreffer den Heldentod."

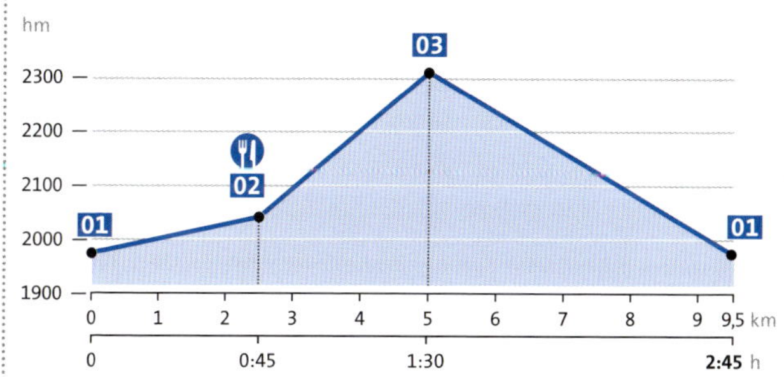

01 Parkplatz Plätzwiese, 1973 m; 02 Dürrensteinhütte, 2040 m; 03 Strudelkopf, 2307 m

Almidylle auf der Plätzwiese vor der Kulisse des Cristallomassivs.

Mehrere Volltreffer bekam 1915 auch das Werk Plätzwiese ab, dessen Ruine gegenüber der **Dürrensteinhütte** 02 (2040 m) an der Plätzwiesenstraße steht. Auch das mächtige Cristallomassiv mit dem eleganten Turm des Piz Popena (3152 m) und dem klotzigen Hauptgipfel (Monte Cristallo, 3221 m), Blickfang im Süden, war 1915–17 Frontgebiet.

Hinter der Dürrensteinhütte leitet ein schmales Weglein, die weite Schleife der alten Militärtrasse abkürzend, durch einen seichten Graben hinauf zum Strudelkopfsattel (2200 m). Hier stößt man wieder auf die Armierungsstraße. Sie peilt über zwei Kehren das große Heimkehrerkreuz am **Strudelkopf** 03 (2307 m) an: kleiner Berg – große Aussicht.

Gipfelkreuz am Strudelkopf, Blick zum Dürrensteinmassiv.

Blickfang ist neben dem Cristallostock der berühmteste Dreizack der Dolomiten, die Drei Zinnen (2999 m).

Auf dem Hinweg geht's zurück zum Strudelkopfsattel. Nun auf der ehemaligen Kriegsstraße weiter sanft bergab bis zu einer Gruppe von kurzen Kehren. Hier rechts über Almwiesen zum Dürrenstein-Anstieg und mit ihm hinunter zum Gasthaus Plätzwiese (1991 m) und zurück zum **Parkplatz 01**.

DER RÖMERWEG

Höhenwanderung von Welsberg nach Toblach

15 km | 5:00 h | 710 hm | 550 hm | 57

START | Welsberg (1087 m), stattliches Pustertaler Dorf an der Bahnlinie Franzensfeste–Innichen–Lienz.
[GPS: UTM Zone 32 x: 741.888 m y: 5.180.787 m]
CHARAKTER | Überwiegend schattige Höhenwanderung vor den Ketten der Pragser und Sextener Dolomiten. Markierter Zwischenabstieg nach Niederdorf.

Dass es sich beim „Römerweg“ um einen uralten Pfad handelt, ist unbestritten, aber römischen Ursprungs dürfte er nicht sein.

Das tut dem Reiz der Wanderung über den lang gestreckten, überwiegend bewaldeten Höhenrücken zwischen dem Pustertal und dem unteren Gsieser Tal keinen Abbruch. Sie vermittelt – allerdings nur abschnittweise – stimmungsvolle Ausblicke auf die Dolomiten, von den Olanger Gipfeln bis zum Cristallo und den Sextenern. Dazwischen taucht der Weg immer wieder ein in den Waldschatten, was vor allem an heißen Sommertagen sehr angenehm ist.

Die Tour startet auf Asphalt, führt von **Welsberg** 01 (1087 m) zunächst bergan gegen Schloss Welsperg (1150 m), das einen Geländesporn über dem Eingang ins Gsieser Tal krönt. Weiter auf der Straße über ein paar Schleifen

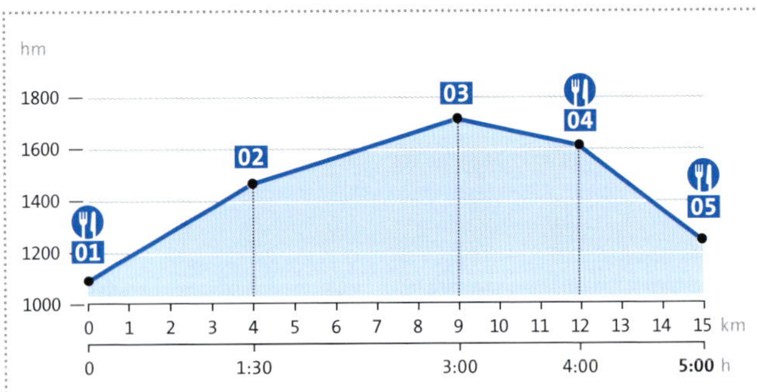

01 Welsberg, 1087 m; 02 Karmannhof, 1460 m; 03 Sattel, 1722 m; 04 Ratsberg, 1606 m; 05 Toblach, 1241 m

Vom „Römerweg" genießt man eine herrliche Aussicht auf die Sextener Dolomiten.

zum **Karmannhof** 02 (1460 m) in schöner Hanglage.

Wenig weiter biegt man links in den Römerweg ein, der im Wald zum Rücken des Eggerberges ansteigt. Hier beginnt die lange Höhenwanderung, die vor allem auf dem zweiten Wegabschnitt viel Aussicht nach Süden bietet.

Auf der Höhe von Niederdorf (hier gibt es einen markierten Zwischenabstieg) stößt man auf eine Waldstraße, die in leichtem Anstieg zu einer weiten Lichtung führt (idealer Rastplatz). Hinter dem **Sattel** 03 (1722 m), auf dem mehrere Wege zusammenlaufen, geht's nochmals im Wald bergan, dann mit herrlich freier Sicht über die weiten Ratsbergwiesen bergab zum Weiler **Ratsberg** 04 (1606 m).

Durch den Ort bis zur ersten Straßenkehre, dann auf gutem Weg hinunter nach Wahlen (1318 m). Auf einem Sträßchen talauswärts nach **Toblach** 05 (1241 m).

Kein Säugetier, sondern ein Schmetterling: der Kleine Fuchs.

Taisten
Tesido
Oberegg
1352
Pircha
Thomasen
Pichler
1252
Teufental
Unterrain
Leachen
Alpenhof
Peintner
Hasler
Ausluger
Hof
Marchner
1136
1146
Mahr
Thurn
ehem. Klarissenkloster
Welsperg
1150
Wasserfeld
41
01
Sallahof
1239
Kammerlechn
1415
02
Hacker
Viertler
Welsberg-
Monguelfo-
Ried
Novale
Lettner
Riederberg
Bad Waldbrunn
Ritzwiesen
Plun
1297
Walde
1405
Graf
1117
49
E66
Anger
Stollbam
Gailerhof
1231
Gailer
Gaila
Forstgart
Bannwald
Riederberg
Eschbaum
Untergas
Welsberger Egge
Costa di Mongu
triedl

Sinnerwald
Kirchberg
1715
03
Sattel
1722
Hinter
Hinter-
wald
Kleinsinner
Mitterhell
Hellwiesen
Stocker
1397
Thal
1449
Knoll
Platzer
Trogerjoggele
1482
Melater
Unterhell
Untersteiner
1210
Eggerberg
Sinner
Haubental
1162
1142
Lana
Niederdorf
Villabassa
St. Magdalena
Ropaswiesen
1154
Fremdenverkehrs-
museum
Emma
Weiherbad
Kur-
park
Prosl
Pircher
Platari
Hotel Adler
Olympia
Trote
49
E66
Edelweiß
Lercha
Larici
Lärchenwald
Bosco dei Larici
Pension
Erika
Graubach
Lang Erl
Stöckl
Altschluderb
Graben
1240
Bad Maistatt
Bagni Pian di Maia
Gesundheitsbrünndl
Fonte della Salute
Golser Berg
Monte Colles

Tesido
Hl. Familie
Neuhaus
Wurzer
Mahr
1196
Innerföhrer
Außerföhrer
Henzing
1227
Durnwald
Durna in Selve
Rest.
Durnwald
Platzsäge
1199
Prünstler Sinne
Rio di Casies
Untersinner
Durnwald
Sinnerwald
1400
V a l
Hinter
E g g e r b e r g
Kirchberg
1715
03
Sattel
1722
Kleinsinner
Mitterhell
1600
Hellwiesen
Hinterwald
Stocker
1397
Thal
1449
Knoll
Platzer
Trogerjoggele
1482
Melater
Untersteiner
1210
Eggerberg
Unterhell
Sinner
Haubental
1162
1142
L a n a
St. Magdalena
Niederdorf
Villabassa
Ropaswiesen
Thalm
1154
Fremdenverkehrsmuseum
Emma
Weiherbad
Kurpark
Prosl
Platari
Pircher
Hotel Adler
Olympia
Camp
Trote
Edelweiß
49
E66

Stadlwald
Frondeiger Kirchl
Kandellen
Gandellè
Schönegg
Ratsberg
M. Rota
1877
1881
Stadlenhörnl
Harcher
Schönegg
Eggewald
1620
Stadlener Kirchl
Niggler
Silvester
Ratsberger
Wiesen
Stadlener
Äußere
Teilwälder
Scheibeneck
Il Dosso
1954
Enzianhütte
Rif. Genziana
1360
Stauderhöfe
Hotel
Ratsberg
Jörgenhof
Peterkirchl
Bannwald
Wesacker
1294
Ratsberg
Monterota
04
Wahlen
Valle S. Silvestro
Aufkirchen
S. Maria
1318
41
Gostner
Silvesterhof
Lachwiesenhütte
1690
Angererkreuz
Außerleiten
Leitenstöckl
1329
Sonnenwald
Richtfunkturm
Kuentn
Leitwiese
1254
Toblach
Dobbiaco
Stolzen
41
05
Naturbadesee
Laghetto naturale
1256
Micheler
1517
1431
1333
Schopfenhof
Gruim
Hacker
Weberhof
1241
Anderter
Haselsberg
Feichter
1336
Haselsberg
Steiner
Hubertushof
Schaukäserei
1225
Lärchsbachkirchl
Lette
1217
Neutoblach
Dobbiaco Nuova
49
E66
Eggemanner
0
500 m
Toblacher Feld
1200
1210
Rienz
Toblach
NP-Haus Drei Zinnen
Ahren
Haspen
Drau

TOBLACHER PFANNHORN • 2663 m

Schön auch aus der Ferne

11 km | 5:45 h | 1060 hm | 1060 hm | 58

START | Kandellen (1604 m), 5 km von Toblach (Bahnhof). Parkplatz beim Gasthaus Hofer.
[GPS: UTM Zone 33 x: 290.280 m y: 5.182.380 m]
CHARAKTER | Wenig schwierige Gipfelwanderung auf markierten Wegen, die aber aufgrund des Höhenunterschieds (1000 m) etwas Ausdauer verlangt.

Nicht ganz zufällig sind viele Erhebungen am Rand der Dolomiten als besonders lohnende Aussichtswarten bekannt: Schauen auf das „schönste Bauwerk der Welt" (Le Corbusier), das ist etwas für Genießer. Im Fall des Pfannhorns, das ziemlich genau nordöstlich von Toblach auf der Grenze zu Osttirol steht, kommt neben schönen Talblicken noch die Aussicht auf Rieserfernermassiv und Hohe Tauern dazu. Als ganz große Tour bietet sich dabei der Toblacher Höhenweg an; weniger anstrengend ist eine Besteigung des Pfannhorns von Kandellen aus. Etwa eine Gehstunde unter dem Gipfel steht die renovierte und 2007 neu eröffnete Bonner Hütte.

Die Gipfeltour beginnt auf der Straße, führt vom **Parkplatz** 01 (1604 m) aus zunächst schattig ins Golfental. Bei der **Verzweigung** 02 (1751 m) rechts und dann steiler an dem Rücken zwischen Golfen- und Pfannbach bergan. Nach der vier-

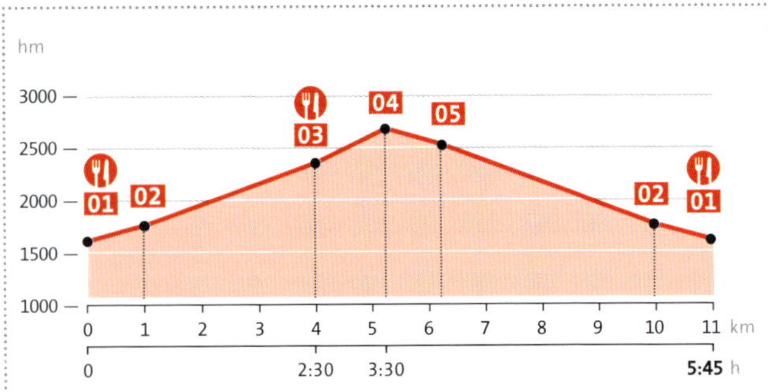

01 Kandellen, 1604 m; 02 Golfental, 1751 m; 03 Bonner Hütte, 2340 m; 04 Toblacher Pfannhorn, 2663 m; 05 Pfanntörl, 2508 m

2239
Gerichtshals
Körlspitze
2612
Ausserlipper Alm
Lenke
2515
Unterlipper Alm
1904
Schnadige
Bannwald
Außerhütten
Laninger
Multer
Multerspitze
2515
Versellscharte
Versell
Schuheralm (Randlhütte)
1862
Turalalm (Tolderhütte)
1942
Stolla
Scharte
2165
2064
Sprudlplatz
1942
Stegele
Schuster-
hütte
2056
Pürglers Kunke
2500
2329
Rosserspitz
2457 Pürglers Lenke
Hirberberg
1908
Sealaspitz
2493
Beispitz
2277
Marerbergalm
Innerpfen
Grubers Lenke
2486
2487
Versell
Hochhorn
Corno Alto
2623
2235
Gaishörndl
2615
2508
Pfanntörl
Golfen
2493
42
05
Bergalm
Toblacher Pfannhorn
Corno di Fana
Hohe Raste
2458
Bergalmhütte
2085
2663
2507
Spitzkinkele
Ternegg
2422
04
Riedl
Golfwiesen
Bonnerhütte
Rif. Bonner
2340
03
Silvest
42
Schlichten
2430
Nastertal
Golfental
Perfal
02
Hühnerspiel
Dossa Gallina
2149
Laniger
Naster
42
Pfanntal
Rio di Fana
Ochsenriegel
Blankental
Garten
Wilmersboden
42
01
Hofer
1604
Tscharmösl
Stadlwald
Schönegger
Stimpfel
Silvesteralm
1800
Möser
Schöneggensäge
Silvestertal
Silvesterbach
Innere Teilwälder
Rio S. Silvestro
Bodeneck
Valle
Äußere
Teilwälder
Scheibeneck
Il Dosso
1954
Innicher Eck
1935
1983
Bannwald
Silvestro
Innichberg
Monte S. Candido
Gutmannhof
Glinz
Achwiesenhütte
1690
Richtfunkturm
Kuentnerhof
1375
Huber
Raner
Tolderer
0
500 m

Aussichtsgipfel vor den Sextener Dolomiten: das Toblacher Pfannhorn.

ten Straßenkehre verlässt man die Fahrspur (ca. 1900 m) und folgt dem Bergweg, der im Zickzack weiter kräftig ansteigt. Im Süden zeigen sich bald die ersten Zinnen der Sextener Dolomiten; eher nachdenklich stimmt der Blick in die schwer von Erosion gezeichnete Südflanke des Pfannhorns (Verbauungen, Aufforstung). Höher am Grashang steht die **Bonner Hütte** 03 (2340 m) – ein schöner Rastplatz gerade noch eine Stunde unterhalb des bereits sichtbaren Gipfelziels.

Oben am **Toblacher Pfannhorn** 04 (2663 m) kann man sich dann anhand einer gut hundert Jahre alten Panoramatafel über all die alpinen Sehenswürdigkeiten im weiten Rund informieren.

Der Abstieg führt zunächst am Grenzkamm entlang nordwärts ins **Pfanntörl** 05 (2508 m). An der Wegspinne links hinunter in die grüne Mulde der Bergalm mit ihren kleinen Lacken. Bei der Bergalmhütte (2085 m) stößt man auf eine Schotterpiste. Sie führt durch den Graben des Golfenbachtals auswärts zu der eingangs erwähnten **Verzweigung** 02. Auf der Straße zurück zum **Parkplatz** 01 bei Kandellen.

Der Toblacher Höhenweg

Große, landschaftlich sehr lohnende Gipfelrunde, die aber viel Ausdauer verlangt. Gesamtgehzeit ab Silvestertal etwa 10 Std.; Aufstieg über Silvesteralm zum Blankenstein (2483 m) und weiter am Grat zum Gipfel des Toblacher Pfannhorns (2663 m), Übergang zum Hochhorn (2623 m) und Abstieg nach Frondeigen bzw. ins Silvestertal. Durchgehend markierte Wege, Übernachtung in der Bonner Hütte empfehlenswert.

TOBLACHER SEE

Kultur und Natur

13,5 km | 3:30 h | 140 hm | 140 hm | 57

START | Toblach (1241 m), Ortsmitte. Toblach ist Station der Bahnlinie Franzensfeste – Lienz in Osttirol.
[GPS: UTM Zone 33 x: 287.820 m y: 5.179.510 m]
CHARAKTER | Rundwanderung in schöner Dolomitenkulisse auf guten Wegen, wenig Steigung. Besonders sehenswert: Alt-Toblach, der Toblacher See, das Naturparkhaus.

Wer in Toblach nur nach den Dolomitzinnen schaut, verpasst Sehenswertes. Beiderseits der offenen (und zugigen) Wasserscheide (1217 m) zwischen Adria (Rienz) und Schwarzem Meer (Drau) gibt es viel zu entdecken.

Im Ortskern, den die barocke Pfarrkirche mit ihrem hohen Turm beherrscht, stehen noch ein paar historische Bauten wie die Herbstenburg (um 1500). Gustav Mahler verbrachte zwischen 1908 und 1910 jeweils die Sommermonate in Toblach, in dessen Grand Hôtel (heute Kulturzentrum) einst Könige wie Albert von Sachsen und Milan I. von Serbien residierten. Die Rothschilds reisten jeweils gleich mit dem eigenen Luxuswaggon an. Die Herrschaften (und ihre Damen) dürften sich damals auch an der Schönheit des nahen Toblacher Sees delektiert haben, der von Wald umsäumt zwischen den steilen Felsflanken am Eingang des Höhlensteintals liegt.

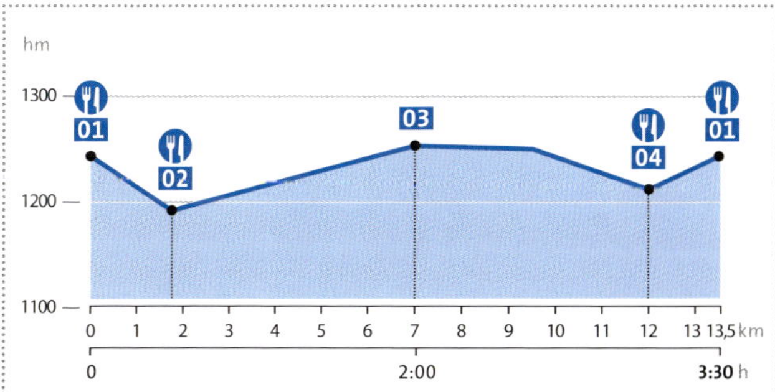

01 Toblach, 1241 m; 02 Gratsch, 1190 m; 03 Toblacher See, 1251 m;
04 Neutoblach, 1210 m

Der Toblacher See am Eingang ins Höhlensteintal.

▶ Von der barocken Pfarrkirche, dem Mittelpunkt des alten Dorfes **Toblach** 01 (1241 m), spaziert man erst durch die Gustav-Mahler-Straße westwärts zu den Häusern von **Gratsch** 02 (1190 m). Hier über die Staatsstraße zum Wildpark und zur Gustav-Mahler-Stube mit dem winzigen Komponierhäuschen, das sich Mahler erbauen ließ, um ungestörter arbeiten zu können. Nun links der Rienz zum gleichnamigen Weiler, und über die Saghäuser (1220 m) weiter zum Abfluss des nur sechs Meter tiefen **Toblacher Sees** 03 (1251 m).

Man umrundet das idyllische Gewässer im Uhrzeigersinn; mehrere Schautafeln informieren dabei über naturkundliche Aspekte. Der Rückweg führt von den Saghäusern nach **Neutoblach** 04 (1210 m), wo das ehemalige Grand Hôtel einen guten Eindruck vom Lebensstil

Schaukäserei Drei Zinnen

Die Wanderung zum Toblacher See lässt sich gut mit einem Besuch der 2004 eröffneten Schaukäserei Drei Zinnen an der Pustertaler Straße verbinden. Hier kann man zuschauen wie aus dem Rohstoff, den die Kühe auf den Pustertaler Almen liefern, feine Käse werden (Führungen). Geöffnet Dienstag bis Samstag 8–19 Uhr, Sonntag 10–18 Uhr, Mitte Juli–September auch montags geöffnet.

der Hautevolee des 19. Jahrhunderts vermittelt. Im Kulturzentrum ist auch das „Naturparkhaus Sextener Dolomiten“ untergebracht.

Nordwärts zur Pustertaler Straße, die man quert (Lichtsignal), dann leicht steigend auf der St.-Johannes-Straße zurück ins Zentrum von **Toblach** 01.

Interessant und informativ: der Lehrpfad am Toblacher See.

DER SARLKOFEL • 2378 m

Aussichtswarte über dem Pustertal

16,5 km | 6:45 h | 1190 hm | 1190 hm | 57

START | Toblacher See (1251 m) am Eingang ins Höhlensteintal. Bushalt, Parkplatz beim Camping.
[GPS: UTM Zone 32 x: 746.013 m y: 5.177.572 m]
CHARAKTER | Ausgedehnte Gipfelwanderung auf markierten Wegen; Kondition und Trittsicherheit unerlässlich. Oberhalb des Sarlsattels kurze, recht luftige Passagen, am Gipfel packendes Panorama.

Mit einiger Berechtigung könnte man den Sarlkofel als den „kleinen Bruder“ des Dürrensteins bezeichnen: weniger hoch, nicht so markant und auch nicht so häufig bestiegen. Letzteres stört überhaupt nicht, und die Aussicht vom Gipfel darf man durchaus als erstklassig bezeichnen, mit einem besonderen „Schmankerl“: dem Tiefblick auf den von Wald umsäumten Toblacher See (1251 m).

An seinem Ufer startet die interessante Gipfelrunde. Man folgt von **Parkplatz** 01 beim Camping dem Sandsträßchen (Naturlehrpfad), das rechts des Sees flach taleinwärts läuft und hinter dem Seemoos den **Sarlgraben** 02 an seiner Mündung quert.

Wenig weiter gabelt sich der Fahrweg. Hier rechts und auf breiter Sandspur sehr steil bergan gegen den Predigtstuhl und unter der

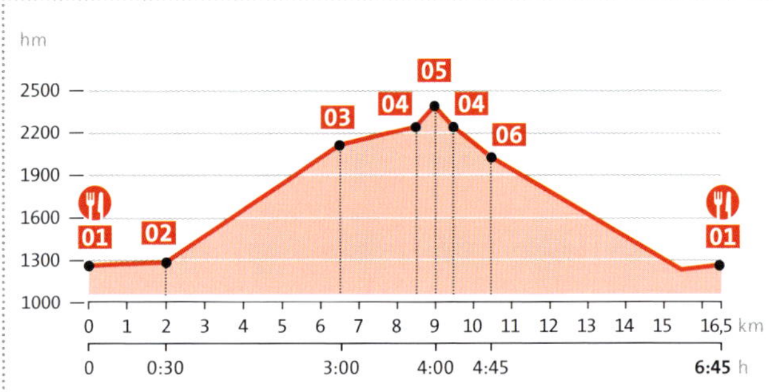

01 Toblacher See, 1251 m; 02 Sarlgraben, 1274 m; 03 Sarlriedl, 2099 m; 04 Sarlsattel, 2229 m; 05 Sarlkofel, 2378 m; 06 Suisriedl, 2013 m

Kurze gesicherte Passage im Anstieg zum Sarlkofel.

Haunold und Birkenkofel vom Sarlkofel.

Hirtenmahdwand (2184 m) zur Sarlhütte (1720 m). Der weitere Anstieg folgt dem Sarlbach; Blickfang sind die zerklüfteten Nordabstürze des Dürrensteins. In einem weiten Rechtsbogen gewinnt der Weg den **Sarlriedl** 03 (2099 m), einen Übergang ins Pragser Tal.

Nun ohne nennenswerte Höhenunterschiede um die Messnerköpfe (2167 m) herum. Links zeigt sich der Lungkofel (2282 m; Abstecher, 40 Min. hin und zurück). Ein kurzer Anstieg leitet in den **Sarlsattel** 04 (2229 m). Hier rechts und auf schmalem Steiglein durch die Südflanke des Bergstocks, mit zwei luftigen Stellen (Drahtseil), und hinauf zum Gipfel des **Sarlkofels** 05 (2378 m).

Der Rückweg führt vom **Sarlsattel** 04 nordseitig auf gutem Steig zwischen Felsmauern hinunter zu einer Verzweigung, an der man sich rechts hält. Nun flach hinüber zum nahen **Suisriedl** 06 (2013 m), einer wenig ausgeprägten Scharte unter dem Sarlkofel.

Dahinter geht's im Wald bergab zu den Rodungsflächen der Trogealm (1631 m), wo man auf eine breite Fahrspur stößt. Sie zieht in Schleifen hinunter zur Mündung des Höhlensteintals, Tiefblicke auf den Toblacher See bietend.

Bei den Saghäusern (1220 m) hält man sich rechts und spaziert zurück zum **Ausgangspunkt** 01.

RAUTKOPF • 2605 m

Einsamer Gipfel über dem Höhlensteintal

13 km | 5:45 h | 1200 hm | 1200 hm | 58

START | Ehemaliges Festungswerk Höhlenstein, 500 m nördlich vom Hotel Drei-Zinnen-Blick an der Staatsstraße. Parkmöglichkeit, Bus von Toblach.
[GPS: UTM Zone 33 x: 288.160 m y: 5.169.020 m]
CHARAKTER | Spannende Gipfeltour auf ehemaligen Kriegssteigen; nur Steinmännchen als Markierung. Etwas Orientierungsvermögen erforderlich; zum Gipfel hin kurze, leichte Kletterpassagen (I).

Wenn die Gipfel zwischen dem Höhlenstein- und dem Innerfeldtal insgesamt nicht zu den meistbesuchten der Sextener Dolomiten zählen, dann trifft das auf den Rautkopf in besonderem Maße zu: kein markierter Zustieg, ein wenig markantes Profil und höhere Berge in der Nachbarschaft. Das ändert nichts daran, dass der Rautkopf ein lohnendes Ziel ist, vor allem natürlich für Liebhaber stiller Pfade. Unterwegs viele Relikte des Ersten Weltkriegs, vom Gipfel dann eine herrliche Aussicht, Drei-Zinnen-Blick inklusive.

▶ Von der **Strada d'Alemagna 01** (1395 m) auf dem Fahrweg, der links an der Feste Landro vorbeiführt, 200 Meter weit, dann spitzwinklig rechts zu den höher gelegenen Festungsanlagen. Im Rücken der Betonbauten leitet eine deutliche Spur in den Wald,

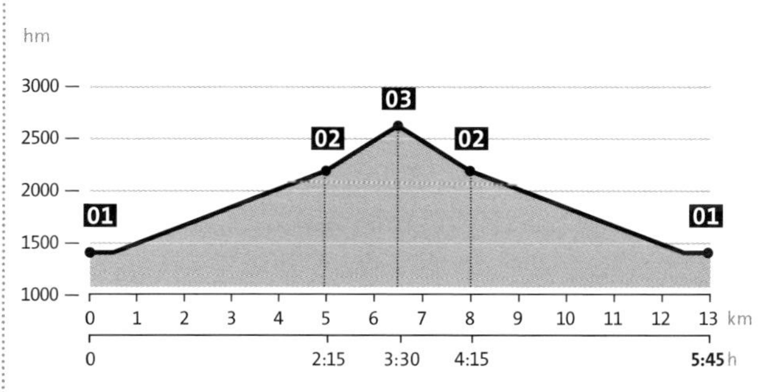

01 Höhlenstein, 1395 m; 02 Artilleriestellung, 2175 m; 03 Rautkopf, 2605 m

Ehemalige Artilleriestellung unter dem Rautkopf. Blick auf den Dürrenseee.

wo sie kurz steil ansteigt, sich dann zu einem bequemen Serpentinenweg wandelt.

In ungefähr siebzig Kehren zieht der ehemalige Nachschubweg an der Westflanke des Rautkopfs bergwärts, zunächst im Wald, dann zwischen Latschen und schließlich über Geröll hinauf zur ehemaligen **Artilleriestellung** **02** (2175 m) in schöner Aussichtslage.

Hinter den Stellungen leiten Spuren an dem felsigen Rücken aufwärts auf ein Band, das nach rechts ansteigt und in einen Geröllhang mündet. Über ihn mühsam etwa zwanzig Höhenmeter hinauf, dann links auf ein felsiges Eck (Steinmann). Im Zickzack auf nur teilweise noch erhaltener Trasse weiter bergan, dann rechts auf ein markantes, teilweise überdachtes Band. Man verfolgt es bis zum Ende und steigt über einen Hang auf zum lang gestreckten Südrücken des Rautkopfs mit seinen alten Befestigungen.

Nun über leichte Felsen zu einer steilen Sandrinne, die westlich unter dem abgeflachten Gipfel ansetzt, und rechts haltend zum Südgipfel des **Rautkopfs** **03** (2605 m). Vor einem Übergang zum nur zwei Meter höheren Nordgipfel muss gewarnt werden: kurze, aber exponierte Kletterei in extrem brüchigem Gestein!

Abstieg: Nur auf dem Anstiegsweg!

Blick vom Südgrat des Rautkopfs zu den Drei Zinnen.

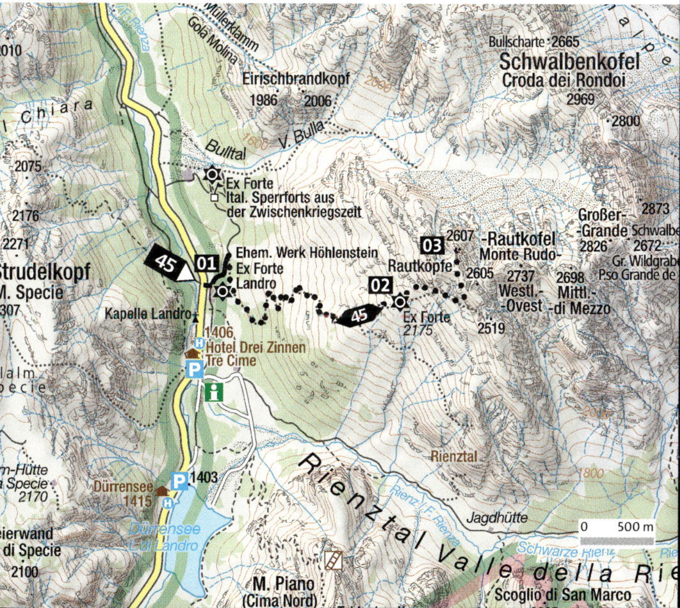

DREI-ZINNEN-HÜTTE • 2405 m

Allmähliche Annäherung

21,5 km | 7:00 h | 1220 hm | 1220 hm | 58

START | Parkplatz beim Hotel Drei-Zinnen-Blick im Höhlensteintal (1406 m). Anfahrt von Toblach über die „Strada d'Alemagna", Bushalt.
[GPS: UTM Zone 33 x: 288.160 m y: 5.169.020 m]
CHARAKTER | Lange, aber unschwierige Wanderung, bei der man sich dem Naturwunder Drei Zinnen langsam nähert. Faszinierend die Einblicke in ihre Nordwände vom Weg über die Lange Alm.

In unserer Zeit, die stets den raschen Kick sucht, ist es längst Mode geworden, hinaufzufahren zur Auronzohütte (2320 m), um dann bereits eine Dreiviertelstunde später den ultimativen Blick in die Nordwände der Drei Zinnen zu erleben. Genießer wählen lieber eine allmähliche Annäherung an das Naturwunder, langsam, Schritt für Schritt. Da wachsen die Riesenzähne aus Hauptdolomit immer höher in den blauen Himmel, und später – die Ausflügler sind längst bei Kaffee und Kuchen – sitzt man auf dem grasigen Rücken vor dem Zinnenkopf und verträumt den Nachmittag mit Schauen, Staunen: Zauber der Berge.

▶ Vom **Wanderparkplatz** beim **Hotel Drei-Zinnen-Blick** 01 (1406 m) führt eine Sandstraße erst flach, dann ansteigend ins Rienztal.

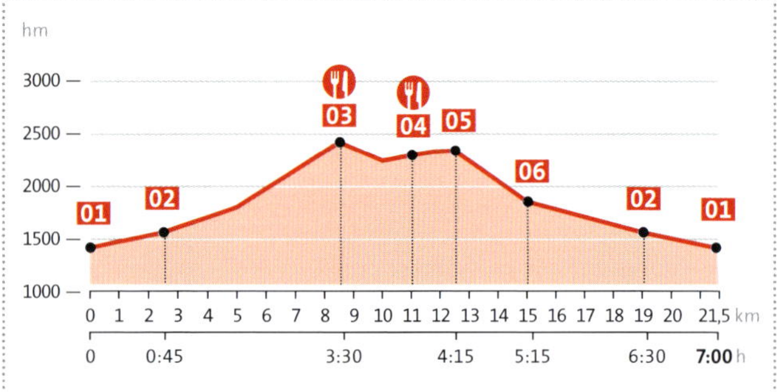

01 Höhlensteintal, Hotel Drei-Zinnen-Blick, 1406 m; 02 Verzweigung, 1550 m; 03 Drei-Zinnen-Hütte, 2405 m; 04 Langalm, 2235 m; 05 Col de Mezzo, 2324 m; 06 Malga Rinbianco, 1841 m

Am Weg durch das Rienztal.

Blickfang sind zunächst die Drei Zinnen, die dann aber hinter ihrem felsigen Vorbau verschwinden.

Man passiert die Mündung des Rinbianco-Tals (**Verzweigung**) 02; wenig später wird aus der Schotterpiste ein Wanderweg, der durch das Val Rinbon ansteigt, eine felsige Geländestufe überwindet und schließlich in ein paar Schleifen die stattliche **Drei-Zinnen-Hütte** 03 (2405 m) am Toblinger Riedl erreicht. Auf der großen Terrasse gibt's neben einer Südtiroler Brotzeit die berühmte Drei-Zinnen-Schau.

Die bleibt dem Wanderer auch bei der Querung der Lange Alm erhalten: kurz abwärts auf dem Hinweg, bei der Wegteilung auf dem Rienzboden links und in leichtem Auf und Ab zum Col Forcellina (2232 m), wo zwischen Steinen und kargem Alpgrün ein paar Seeaugen blinken. Wenig weiter führt der Weg an der **Langalm** **04** (2235 m) vorbei.

Nun hinauf zu dem grasigen Rücken vor dem Zinnenkopf. Herrlicher Rast- und Schauplatz; besonders schön präsentieren sich die senkrechten Nordwände der Drei Zinnen mit ihren gewaltigen Dächern im späten Nachmittagslicht.

Auf ausgetretener Wegspur flach hinüber zum **Forcela de l'Col de Mezzo** **05** (2324 m), wo man links ins Val de l'Árghena abbiegt. Steil hinunter in den Graben und, nach Süden umbiegend, zur Drei-Zinnen-Straße. An der **Malga Rinbianco** **06** (1841 m) rechts und durch das gleichnamige Tal hinaus zur **Schwarzen Rienz** **02**. Nun links auf der Sandstraße zurück zum Ausgangspunkt beim **Hotel Drei-Zinnen-Blick** **01**.

Die Große und die Westliche Zinne, aus dem Rienztal gesehen.

47

MONTE PIANA • 2305 m

Fern-„sehen“ und zurückschauen

11 km · 5:15 h · 920 hm ↗ · 920 hm ↘ · 57

START | Parkplatz schräg gegenüber vom Hotel Drei-Zinnen-Blick (1406 m) im Höhlensteintal; Anfahrt von Toblach (Bushalt). [GPS: UTM Zone 33 x: 288.160 m y: 5.169.020 m]

CHARAKTER | Sehr abwechslungsreiche Gipfeltour mit kurzen Steilpassagen (gesichert). Der Monte Piana, dessen Nordkuppe auch als Monte Piano bekannt ist, gilt als einer der schönsten Aussichtspunkte der östlichen Dolomiten. Historischer Rundweg auf dem Gipfelplateau.

Wer den Monte Piana besucht, hat die Historie oder die Aussicht im Auge. Das ausgedehnte Gipfelplateau war während des Ersten Weltkriegs ein hart umkämpfter Eckpfeiler der Dolomitenfront; Kaiserjäger hielten die Nordkuppe (Monte Piano, 2320 m), Alpini den Monte Piana (2324 m). Heute ist der Berg ein großes Freilichtmuseum: Schützengräben, Stollen, Stacheldrahtverhaue und Bombentrichter als stumme Zeugen, die an das sinnlose Sterben inmitten einer grandiosen Hochgebirgsszenerie erinnern – nie wieder! Während des Sommers fahren Jeep-Taxis über die (für den Privatverkehr gesperrte) Straße zum Rifugio Bosi (2205 m). In gut einer halben Stunde kommt man so zum Südgipfel und zum großen Panorama. Weiter, aber auch ungleich erlebnisreicher ist die

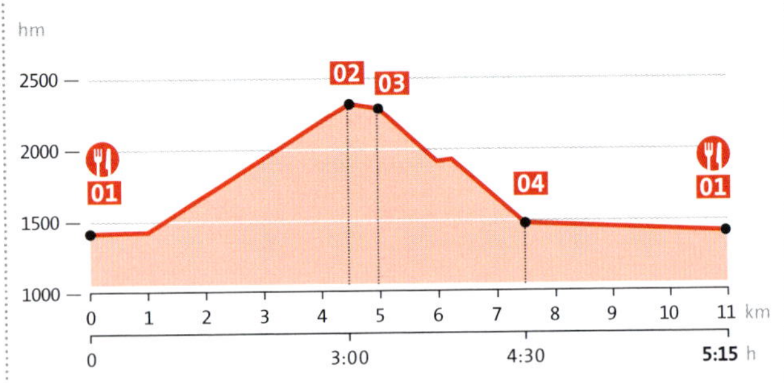

01 Parkplatz Hotel Drei-Zinnen-Blick, 1406 m; 02 Toblacher Kreuz, 2305 m; 03 Forcella dei Castrati, 2272 m; 04 Geröllboden (Abzweig), 1466 m

Blick vom Strudelkopf auf Drei Zinnen und Monte Piana.

Ein Überbleibsel des Ersten Weltkriegs: der „Pionierweg".

Überschreitung des Berges auf zwei interessanten Steigen: hinauf über die vielen Serpentinen des „Pionierweges", Abstieg über den „Touristensteig".

Vom Wanderparkplatz beim **Hotel Drei-Zinnen-Blick** 01 auf einem Sandsträßchen zur Mündung des Rienztals, dann rechts über das breite Geröllbett des Flusses und auf dem Pionierweg (Tafel) in Kehren an der felsdurchsetzten Nordwestflanke des Monte Piano bergan. Dabei genießt man hübsche Tiefblicke auf den seichten Dürrensee; im Westen baut sich über hohen, mit Geröll beladenen Graten die Hohe Gaisl (3146 m) auf.

Der Weg tangiert einen kleinen Soldatenfriedhof, führt dann zu den ehemaligen österreichischen Stellungen. Unter der senkrechten Gipfelwand rechts hinaus und in ein paar Serpentinen zur Nordkuppe des Plateauberges mit dem **Toblacher Kreuz** 02 (2305 m).

Der Abstieg führt über den vom Krieg gezeichneten Rücken sanft abwärts in die offene Senke der **Forcella dei Castrati** 03 (2272 m). Hier rechts und über Kehren hinunter zu einer tiefen Schuttreiße. Man quert sie, dabei kurz über eine Treppe ansteigend. Dahinter zunehmend steiler an der bewaldeten Flanke bergab zum Rand des weiten **Geröllbodens (Abzweig)** 04 von Schluderbach. Nun rechts am Bergfuß entlang in lichtem Wald zum Dürrensee (1403 m) und an seinem Ostufer zurück zum **Wanderparkplatz** 01 am Eingang des Rienztals.

CRISTALLINO DI MISURINA • 2775 m

Einsame Tour in großer Kulisse

10 km 5:45 h 1120 hm 1120 hm 57

START | Brücke über den Rio Popena (1659 m) an der Straße von Schluderbach nach Misurina. Wenige Parkplätze.
[GPS: UTM Zone 33 x: 288.770 m y: 5.164.140 m]
CHARAKTER | Spannende Gipfeltour mit Klettersteigeinlage. Im Val Popena Auta markierter Weg, zum Gipfel hin Schrofen. Die Felsstufe links der verblockten Schlucht ist mittlerweile gesichert (Klettersteigset und Helm empfehlenswert).

Es gibt sie noch, die (fast) weißen Flecken auf der Dolomitenkarte, und nicht nur in den südlichen Randgebieten, sogar zwischen Cortina d'Ampezzo und den Sextener Dolomiten. Im Cristallomassiv etwa, dessen Nordflanke jene Postkartenkulisse des Dürrensees abgibt, die immer und immer wieder bestaunt und fotografiert wird: rechts die Cima di Mezzo, in der Mitte der Monte Cristallo (3221 m), flankiert vom Piz Popena, links ein bizarr gezackter Kamm. Höchster Punkt: der Cristallino di Misurina. Ein dankbares, nicht überlaufenes Ziel für erfahrene Berggänger.

▶ Die Gipfeltour beginnt als Talwanderung und führt von der **Straßenbrücke** 01 (1659 m) in das Val Popena Auta. Der Weg ist an mehreren Stellen abgerutscht, was den Anstieg recht beschwerlich gestaltet; wiederholt muss

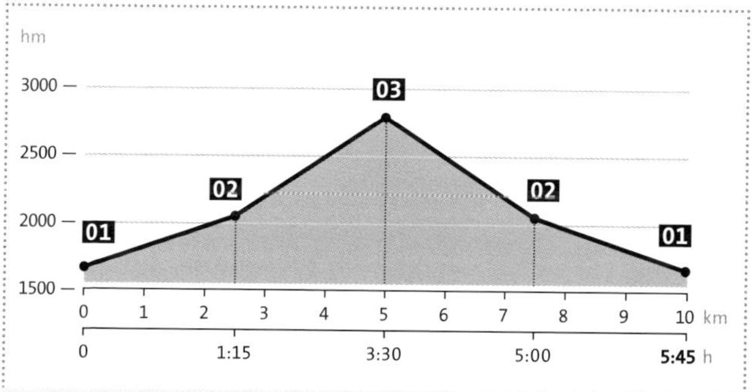

01 Straßenbrücke, 1659 m; 02 Val Popena Auta, 2040 m; 03 Cristallino di Misurina, 2775 m

Im Val Popena Auta, im Talschluss der originelle Rundturm des Cianpanis di Popena.

man ins Bachbett ausweichen (Steinmännchen). Bald tauchen im Talhintergrund die Ciampanìs de Popena (2479 m) auf, später kommt auch der Riesenturm des Piz Popena (3152 m) ins Blickfeld, ehe sich zur Rechten ein weites Hochkar öffnet, das Val de le Baracche.

Man verlässt das **Val Popena Auta** **02** (2040 m) und folgt dem ehemaligen Militärweg, der in einigen Kehren ansteigt, ehe er auf eine Trümmerschlucht zuläuft. Sie bleibt rechts; die neu angelegte, mit Drahtseilen gesicherte Route verläuft über den gestuften Felsriegel und mündet dann wieder in den Originalweg. Die nur noch in Teilen erhaltene Trasse steigt im Zickzack weiter bergan. Faszinierend die Kulisse mit der riesigen „Hummerschere“ des Campanile Dibona als Blickfang.

Die markante Scharte der Forcella Michele (2590 m) bleibt links; vorbei an verfallenen Unterständen aus dem Ersten Weltkrieg erreicht man den Grat und über ihn den Gipfel des **Cristallino di Misurina** **03** (2775 m).

Abstieg: Nur auf dem Anstiegsweg.

Am Gipfel des Cristallino di Misurina. Blick auf Piz Popena und Monte Cristallo.

RUND UM DIE DREI ZINNEN

Das berühmteste Profil der Dolomiten

9,5 km | 3:15 h | 370 hm | 370 hm | 58

START | Rifugio Auronzo (2320 m) am Endpunkt der „Drei-Zinnen-Straße", 8 km von Misurina. Riesenparkplatz, Bushalt. [GPS: UTM Zone 33 x: 292.920 m y: 5.165.520 m]
CHARAKTER | Wenig anstrengende Runde um das weltberühmte Dreigestirn, im Hochsommer allerdings oft Kolonnenwandern bis zur Drei-Zinnen-Hütte. Wer erst am Nachmittag losgeht, hat weniger Gesellschaft unterwegs und kann – mit etwas Glück – das abendliche Farbspektakel an den Nordwänden der Drei Zinnen erleben.

Wer dem steinernen Dreizack nicht gleich aufs Haupt steigen mag (Klettertour!), sollte ihn wenigstens umwandern. Das geht auf gut markierten Wegen ganz leicht und beschert einmalige Eindrücke der Sextener Bergwelt und ihres Vorzeigestücks – und wer nicht bloß Stein ablichten mag, bekommt garantiert ein paar originelle Motive vor die Linse. Der Weg zum Paternsattel ist so etwas wie ein alpiner Mode-Laufsteg: poppig-bunt und kitschig, Loden und Lycra, Jung und Alt. Oben am Sattel gibt's dann den großen Drei-Zinnen-Blick, als Zugabe vielleicht sogar ein paar Kletterer, die hoch im Fels ihre waghalsigen Turnübungen absolvieren.

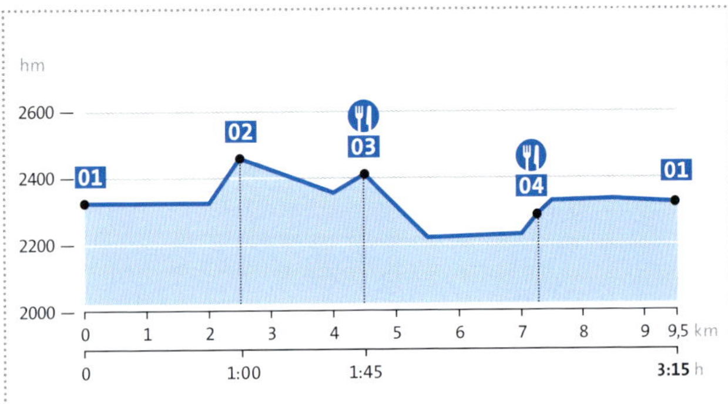

01 Rifugio Auronzo, 2320 m; 02 Paternsattel, 2454 m; 03 Drei-Zinnen-Hütte, 2405 m; 04 Langalm, 2235 m

Beliebte Familientour: die Runde um die Drei Zinnen, Blick in die Nordwände.

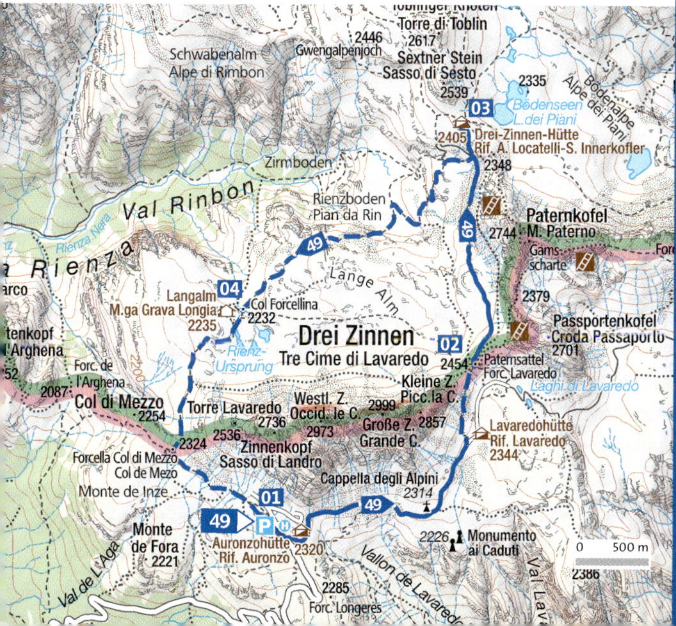

Einkehr vor den Zinnen-Nordwänden: die Langalm. Am Horizont das Rautkofelmassiv.

Vom Großparkplatz beim **Rifugio Auronzo** 01 führt ein ehemaliger Kriegsfahrweg unter den Südwänden der Drei Zinnen – vorbei an der Cappella degli Alpini – hinüber zum Rifugio Lavaredo (2344 m). Er bietet Aussicht übers Ansiei-Tal bis zur einsamen Marmarole-Gruppe; im Süden stehen die bizarren Zacken der Cadini.

Oben am 2454 m hohen **Paternsattel** 02 sind selbstverständlich die Drei Zinnen der absolute Blickfang; am Weiterweg hinüber zur **Drei-Zinnen-Hütte** 03 (2405 m) guckt man gelegentlich auch nach rechts, hinauf in die Westwand des Paternkofels (2744 m). In seinem Nordgrat, unweit des Schutzhauses, steht die verwegene Felsskulptur des „Frankfurter Würstls“.

Am Toblinger Riedl zeigen sich dann über der Bödenalpe auch ein paar Zeiger der berühmten „Sextener Sonnenuhr“: Rotwand, Elfer, Zwölfer, Einser.

Der Weiterweg führt in ein paar Schleifen hinunter zum Rienzboden, dann vor den Nordwänden der Drei Zinnen mit einem längeren Gegenanstieg über die Lange Alm. An den Tümpeln beim Col Forcellina (2232 m, Rienzquelle) vorbei zur **Langalm** 04 (2235 m) und hinauf zu einem Grasrücken, von dem man einen letzten großartigen Blick (Abend!) auf das steinerne Monument genießt.

Hinüber zur Forcela Col de Mezzo (2324 m) und mit Aussicht auf Cadini, Sorapìs und Cristallo zurück zum **Rifugio Auronzo** 01.

SENTIERO BONACOSSA

Drei-Sterne-Tour in den Cadini

13 km | 6:45 h | 550 hm | 930 hm | 58

START | Col de Varda (2115 m), Bergstation des von Misurina ausgehenden Sessellifts. Anfahrt von Toblach (Buslinie), großer Parkplatz.
[GPS: UTM Zone 33 x: 290.550 m y: 5.161.100 m]
CHARAKTER | Raue, aber spannende und landschaftlich einmalige Durchquerung der Cadinigruppe mit viel Auf und Ab sowie einigen gesicherten Passagen. Nur für erfahrene Bergwanderer! Mehrere markierte Zwischenabstiege zum Misurinasee.

Die Drei Zinnen kennt (fast) jede/r, am Paternsattel geht es oft zu wie am Stachus in München, und ein Bild der „Sextener Sonnenuhr“ schmückt jeden Dolomitenkalender. Da sind die Cadinispitzen ganz im Südwesten der Sextener Dolomiten eher (steinerne) Randfiguren. Das macht überhaupt nichts, den Wanderer freut's, wenn nicht gar so viele auf seiner Route unterwegs sind. Und die verdient in diesem Fall locker ihre drei Sternchen! Denn der „Sentiero Bonacossa“ quert den vielgipflig-bizarren Zackenwald der Cadini, läuft von Scharte zu Scharte und vermittelt so immer wieder neue, faszinierende Bilder. Das fulminante Schlussbild liefern die „Drei“ dann persönlich – wow!

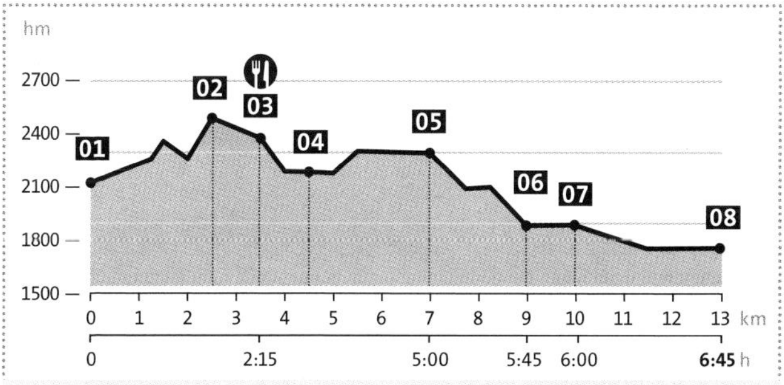

01 Col de Varda, 2115 m; **02** Forcella del Diavolo, 2480 m; **03** Rifugio Fonda Savio, 2367 m; **04** Forcella de Rinbianco, 2176 m; **05** Forcella Longeres, 2285 m; **06** Pian de Rinbianco, 1877 m; **07** Lago d'Antorno, 1866 m; **08** Misurinasee, 1751 m

Leiter im Aufstieg zur Forcella del Diavolo.

▶ Die große Cadini-Tour startet bei der **Liftstation Col de Varda 01** (2115 m). Auf deutlicher Wegspur über die Grave di Misurina bergan, dann durch eine sandige Rinne (Stufen, Drahtseile) recht steil in die Forcella di Misurina (ca. 2395 m). Dahinter über Schrofen und Geröll abwärts, um ein felsiges Eck herum und ins Schneekar (Ciadin de la Neve).

Der „Sentiero Bonacossa" kreuzt den von Misurina heraufkommenden Weg und steigt in steilem Zickzack an gegen die zwischen Torre del Diavolo und Nordwestlicher Cadinspitze eingelagerte Rinne. Ein Felsriegel wird mit Hilfe solider Sicherungen (Drahtseile, Leitern) leicht überwunden, anschließend leitet die Spur dann in die **Forcella del Diavolo 02**

(2480 m). Jenseits der Scharte im Geröll abwärts in den schattigen Karwinkel (Schnee bis in den Hochsommer), unter der Westwand der Cima Cadin Nord-Ovest (2726 m) hindurch und über eine harmlose Felsstufe hinauf zum **Rifugio Fonda Savio 03** (2367 m) in schöner Lage am Passo dei Toce.

Hinter dem gastlichen Haus führt der Höhenweg über eine steile Felsrampe (Drahtseile) hinunter in den innersten Karboden des Val

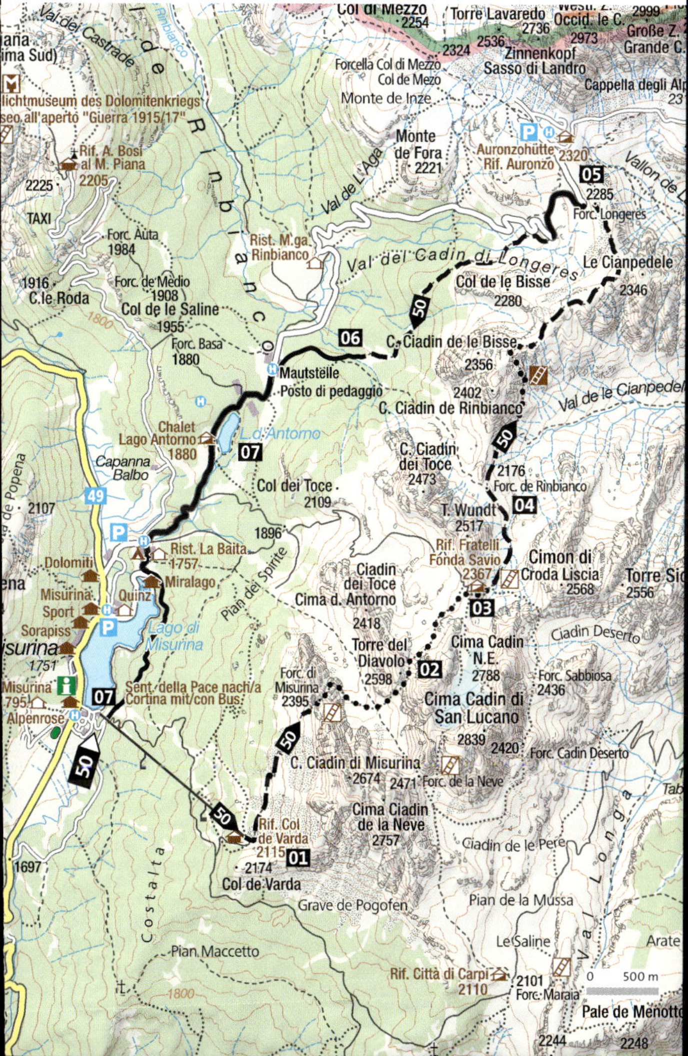

Am „Sentiero Bonacossa", Blick durch das Schneekar zur Forcella de la Neve.

de le Cianpedele, wo der „Durissini-Steig" abzweigt. Talauswärts und flach in die **Forcella de Rinbianco** **04** (2176 m). Aus der Senke kann man links zum Misurinasee absteigen; die Fortsetzung des „Bonacossa-Weges" steuert – kurz absteigend – ein markantes, recht ausgesetztes Horizontalband im Ostabsturz der Cima Ciadin de Rinbianco (2402 m) an.

Es mündet in eine steile, überdachte Verschneidung. Mit Hilfe von Leitern und Drahtseilen gut fünfzig Meter hinauf, dann nach rechts über einen Schrofenhang auf ein Geröllband. Es quert ein paar Felswinkel und mündet schließlich auf den Kamm, wo man ganz unvermittelt die Drei Zinnen vor sich hat.

Einzusehen ist auch der Weiterweg; er folgt mit leichtem Auf und Ab alten Kriegssteigen am Cianpedele-Rücken. Einen etwa 25 m langen Stollen kann man dabei links umgehen. Von der flachen Senke der **Forcella Longeres** **05** (2285 m) steigt man links (weglos, aber leicht) ab zur „Drei-Zinnen-Straße." Man folgt ihr bis in die nächste markante Kehre (2167 m), verlässt sie dann nach links. Auf schönem Weg mit einer kleinen Gegensteigung unter den Felsen des Col de le Bisse (2280 m) hindurch und in lichtem Wald hinunter in den **Pian de Rinbianco** **06** (1877 m).

Eine Sandpiste führt flach zur nahen „Drei-Zinnen-Straße", der man – vorbei am idyllischen **Lago d'Antorno** **07** (1866 m) – bis zum Camping Misurina folgt. Hier links zum Albergo Miralago und auf dem hübsch angelegten Spazierweg am Ostufer des Misurinasees zurück zur **Talstation** **08** des Col-de-Varda-Sessellifts.

GANTRASTE • 2130 m

Ausguck über dem Pustertal

7 km · 3:30 h · 640 hm · 640 hm · 58

START | Bergstation des Haunold-Sessellifts (1499 m); Talstation in Innichen (Bahnhof).
[GPS: UTM Zone 33 x: 292.020 m y: 5.177.450 m]
CHARAKTER | Recht steile, aber vergleichsweise kurze Wanderung auf einen hübschen „Guck-ins-Land" hoch über dem Pustertal. Trittsicherheit unerlässlich, bei Nässe nicht ratsam.

Genau südlich über Innichen erhebt sich die Gantraste, eigentlich nur ein bescheidener Ausläufer des wilden Haunold-Massivs. Sie bietet aber eine bezaubernde Aussicht auf das obere Pustertal und seine Berge. Der Anstieg ist zwar teilweise sehr steil, er wird aber durch den Haunold-Sessellift angenehm verkürzt. Das zerklüftete Bergmassiv hat seinen Namen von einem legendären Riesen Haunold, der zur Zeit der Klostergründung in Innichen (8. Jh.) die Gegend unsicher gemacht haben soll, dann aber in die Berge verbannt wurde.

▶ Von der Bergstation des **Haunold-Sessellifts** 01 (1499 m) geht's auf einer Sandpiste rechts kurz abwärts. Am Rand der Lichtung verlässt man die Piste und folgt dem Weg links aufwärts in den Wald. Aussicht gibt's noch keine, dafür ist der Anstieg angenehm schattig. Die Spur leitet in einen Graben, dann links kurz hinauf zu

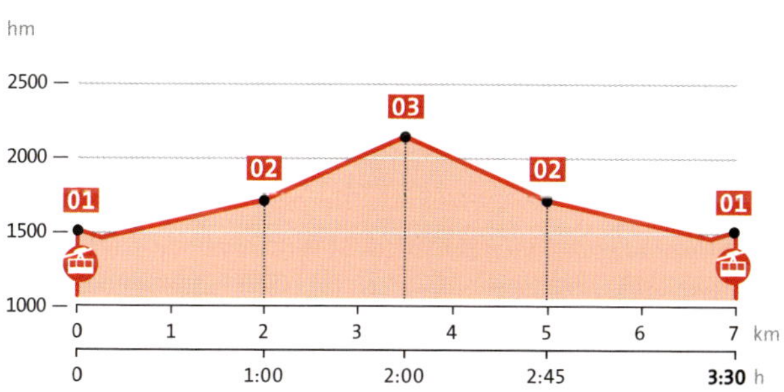

01 Bergstation Haunold-Sessellift, 1499 m; 02 Maierkaser, 1703 m; 03 Gantraste, 2130 m

Tiefblick von der Gantraste auf Innichen.

einer Sandstraße und zum nahen **Maierkaser** 02 (1703 m). Bei der Hütte weist ein Holzschild zum Gipfel. Der Weg läuft am oberen Rand der Lichtung entlang, quert einen Bach (Brunnen) und steigt über den steilen Waldhang bergan. Etwa 20 Minuten oberhalb der kleinen Alm knickt er rechts ab, führt weiter steigend zu einer kleinen Waldblöße, dann hinauf zum Nordwestgrat.

An dem leicht felsigen Kamm erreicht man den Gipfel der **Gantraste** 03 (2130 m) mit Kreuz und schöner Aussicht auf das obere Pustertal, das man von der Brunecker Gegend bis zu den Lienzer Dolomiten überschaut. Etwa einen Kilometer tiefer fließt die Drau durch den Flecken Innichen, am nordwestlichen Horizont zeigen sich dunkler Granit und Gletscherweiß: die Dreitausender der Rieserfernergruppe (Hochgall, 3436 m). Im Süden baut sich – fast zum Greifen nahe – das zerklüftete Massiv des Haunolds (2966 m) über mächtigen Geröllreißen auf.

Abstieg: Nur auf dem Anstiegsweg.

DREISCHUSTERHÜTTE • 1626 m

Höhen- und Hüttenwanderung

12 km | 4:00 h | 420 hm | 660 hm | 58

START | Bergstation des Haunold-Sessellifts (1493 m); Talstation in Innichen (Bahnhof).
[GPS: UTM Zone 33 x: 292.020 m y: 5.177.450 m]
CHARAKTER | Wenig anstrengende Höhen- und Talwanderung, teilweise Sandstraßen. Ein echtes Highlight: der Blick auf das Massiv der Dreischusterspitze (3145 m).

Die herrlich gelegene Dreischusterhütte gehört zu den beliebtesten Wander- und Ausflugszielen am Nordrand der Sextener Dolomiten, keine halbe Stunde Anstieg vom Parkplatz im Innerfeldtal. Entschieden weiter, aber auch abwechslungsreicher ist der Höhenweg vom Haunold-Sessellift herüber: viel Aussicht, vor allem auf den Haunold (2966 m) und die Dreischusterspitze (3145 m).

▶ Von der **Bergstation des Haunold-Sessellifts** 01 (1499 m) folgt man der Sandpiste in den mächtigen Geröllgraben, der von den Lahner Riebeln gespeist wird. Über den Baumwipfeln ragen die bizarren Felstürme des Haunoldmassivs in den Himmel. Ein kurzer Anstieg führt zu einer quer verlaufenden Forststraße (Wegweiser), wo man links abbiegt. Eine Viertelstunde später und rund hundert Meter höher folgt die nächste Verzweigung. Diesmal geht's geradeaus (Schild „Dreischusterhütte"). Die Straße quert mehrere Gräben und biegt schließlich

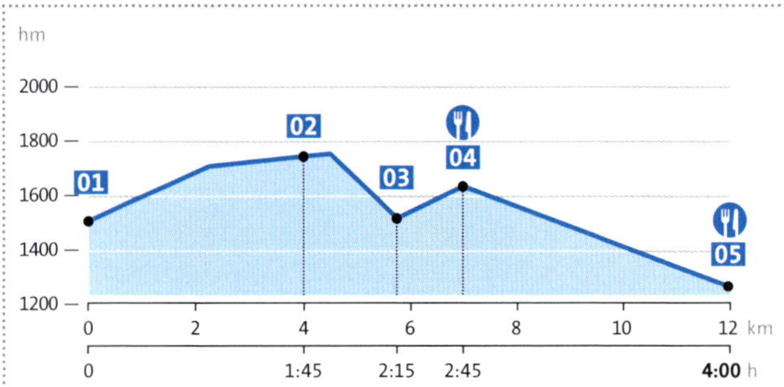

01 Bergstation Haunold-Sessellift, 1499 m; 02 Holzlagerplatz, 1736 m; 03 Antoniusstein, 1509 m; 04 Dreischusterhütte, 1626 m; 05 Zur Säge, 1259 m

Innichen
San Candido
Vierschachberg
Huber
Himmelreich
Raner
Tolderer
Gaden
Kranzhof
Mehlhof
Stauderhof
Egarter
Zögger
Lechen
Leithof
Klammschlössl
Walter
Bachler
Kleinmarer
Pappinger
Erlebnisbad Acquafun
1175
Wiesthal
E66
49
52
Kaiserwasser
Fonti di S. Candido
Burg
Drau
Panorama-Helm-Restaurant
1142
E-Werk
Lärchwald
Jorahütte
Untertal
Schmiedlwiese
Burgwälder
Hochraste
1404
Riese Haunold Hütte
Rif. Gigante Baranci
01
1499
Sextner Bach
Karnische Dolomitenstraße
Wildbad Innichen
1333 (verf.)
Rio di Sesto
Zum Klaus (Alte Säge)
Stausee
05
1254
1630
Steinwald
1703
Innicher Alm (Gemeindekaser)
Gwengwiesen
Ixenwald
Gantraste
Pausa Ganda
2130
2158
2158
Lahner Riebeln
Haunoldköpfl
Picc. Rocca d. Baranci
02
Zinnen
Gwenglwald
Val Campo di Dentro
Staningplatzl
Ostgipfel
Cima Est
2907
2718
Westgipfel
Cima Ovest
2966
2933
Haunold
Rocca dei Baranci
Rio Campo di Dentro
Außergsellwiese
Außergsell
M. Casella di Fuori
03
Antoniusstein
2860 Südgipfel
Cima Sud
Birkenschartl
Forc. de Baranci
2540
2661
Steinalpe
2724
Kohlalplspitzen
2575
2596
2875
Steinalpentürme
Nördl. Gsellknot
Cima di Sesto-N
Kohlalplkofel
2543
Kohlalpltal
2870
Südl. Gsellk
Cima di Ses
04
Dreischusterhütte
Rif. Tre Scarperi
1626
Steinalpenkar
Innerfeldtal
Dreischusterspitze
Punta dei Tre Scarperi
Unterhütte
Unterebenkofel
C. Piatta Bassa
2581
Kohlalpl
1661
Ixenbach
Hochwandspitz
2392
3145
3125
P. Piccola d. Scar
Wiener Turm
2680
2892
3095
0
500 m

Der Gsellknoten vom Weg ins Innerfeldtal.

ein ins Innerfeldtal. Dabei bieten sich erste Ausblicke auf das mächtige Dreischustermassiv. An einem **Holzlagerplatz** 02 (1736 m) endet die Piste. Auf schmalem Weg wandert man taleinwärts, zunächst noch die Höhe haltend. Dann geht's im Gwengwald abwärts. Beim **Antoniusstein** 03 (1509 m) stößt man auf den Talweg. Er führt, eine gewaltige Schuttreiße querend, taleinwärts zur **Dreischusterhütte** 04 (1626 m), einer beliebten Einkehr in großer Felskulisse. Beim Abstieg folgt man wahlweise dem Fußweg oder der (tagsüber gesperrten) Straße. Beim unteren Parkplatz (1334 m) rechts über den Bach und hinunter zur **Alten Säge** 05 (1259 m, Gasthaus Zum Klaus) an der Straße Innichen – Sexten (Bushalt).

Die Dreischusterhütte im Innerfeldtal.

HOCHEBENKOFEL • 2905 m

Hoch und flach?

18 km 7:30 h 1420 hm 1420 hm 58

START | Parkplatz im Innerfeldtal (1490 m); Zufahrt vom Sextener Tal 4 km (Bergfahrt ab unterem Parkplatz Juli bis September jeweils von 10–16 Uhr gesperrt); Shuttlebus. [GPS: UTM Zone 33 x: 293.900 m y: 5.173.660 m]
CHARAKTER | Anstrengende Gipfeltour mit einer leichten Kletterstelle (Drahtseile) oberhalb des Lückele. Gute Kondition und Bergerfahrung unerlässlich. Übergang zu dem unwesentlich höheren, schroffen Felsgipfel des Birkenkofels (2922 m) nur für Geübte (5 Min.; einige Sicherungen).

Der Hochebenkofel verdankt seinen (zutreffenden) Namen einerseits der Tatsache, dass er hoch über dem Höhlenstein- und dem Innerfeldtal in den Himmel ragt, andererseits seinem eigenartigen Profil: ein lang gestrecktes, nur leicht geneigtes Gipfeldach, das allseits jäh abfällt. Lediglich zum Lückele (2545 m) hin sind die Felsen weniger steil, auch gestuft, und hier ermöglicht ein bequemes Band den Überstieg.

▶ Vom **Parkplatz** 01 (1490 m) im Innerfeldtal zunächst auf einem Wanderweg abseits der Straße zur **Dreischusterhütte** 02 (1626 m). Über das Innerfeld wandert man flach taleinwärts zu einer Weg-

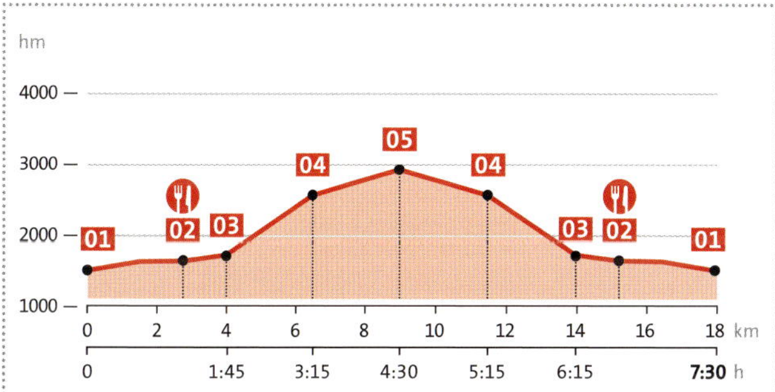

01 Parkplatz im Innerfeldtal, 1490 m; 02 Dreischusterhütte, 1626 m; 03 Abzw. Wildgrabenjoch, 1693 m; 04 Lückele, 2545 m; 05 Hochebenkofel, 2905 m

„Felsberührung“ am Weg zum Hochebenkofel: Passage oberhalb vom Lückele.

gabelung 03 (1693 m). Rechts haltend in dem licht bewaldeten Graben aufwärts zu einer weiteren Verzweigung (1895 m). Nun steiler über das Hangalpental bergan; dabei entfaltet sich die Felskulisse immer schöner. Zunächst tritt hinter dem Morgenkopf der eigenwillige Felszahn des Schwabenalpenkopfs (2687 m) ins Bild, schließlich auch der Drei-Zinnen-Stock (2999 m). Jenseits des Innerfeldtals baut sich der größte, massigste Gipfel der Sextener Dolomiten mit seinen Trabanten auf, die Dreischusterspitze (3145 m).

In ein paar Kehren erreicht der Weg das **Lückele** 04 (2545 m), wo sich ein schöner Blick auf Dürrenstein und Sarlkofel auftut. Aus der Scharte leitet die Markierung rechts auf ein markantes Horizontalband (Drahtseile). Es mündet in eine seichte Rinne; man durchsteigt sie und kommt dann im Zickzack über einen Schrofenhang zum Grat. An ihm entlang, einigen Felsköpfen ausweichend, zuletzt weglos über den breiten Rücken zum **Hochebenkofel** 05 (2905 m).

Vom höchsten Punkt packende Tiefblicke ins Höhlensteintal und

Am Gipfelrücken des Hochebenkofels; links die Drei Zinnen.

eine große Rundschau, von der Paul Grohmann, Erstbesteiger des Hochebenkofels, sagte: „Ein Panorama, das ich bezaubernder, wenigstens hier in den Dolomiten, kaum noch geschaut hatte.“

Abstieg: Auf dem Anstiegsweg.

RUND UM DEN SCHWABENALPENKOPF

Drei-Zinnen-Schauen

14,5 km | 6:00 h | 1030 hm | 1030 hm | 58

START | Parkplatz im Innerfeldtal (1490 m); Zufahrt vom Sextener Tal 4 km (Bergfahrt ab unterem Parkplatz Juli bis September jeweils von 10–16 Uhr gesperrt).
[GPS: UTM Zone 33 x: 293.900 m y: 5.173.660 m]
CHARAKTER | Recht lange und ziemlich anstrengende Wanderrunde mit einer kurzen gesicherten Passage oberhalb des Großen Wildgrabenjochs.

Den Drei Zinnen, dieser unvergleichlichen Felsskulptur, kann man sich von verschiedenen Seiten nähern. Wer dem Trubel am Weg über den Paternsattel und rund um die Drei-Zinnen-Hütte lieber ausweicht, nimmt den markierten Weg aus dem Innerfeldtal herauf. Der ist zwar entschieden länger, da warten rund 1000 Höhenmeter, dafür ist man hier fast immer allein mit ein paar wenigen Gleichgesinnten – und dem fantastischen Blick zu den Drei Zinnen (2999 m), die sich genau südlich über dem innersten Rienztal und der Langen Alm aufbauen.

▶ Vom **Parkplatz** 01 (1490 m) im Innerfeldtal wandert man zunächst zur **Dreischusterhütte** 02 (1626 m), dann flach über den weiten Almboden bis zum Fuß des Morgenkopfs (2493 m), wo sich Tal und Weg gabeln. Im

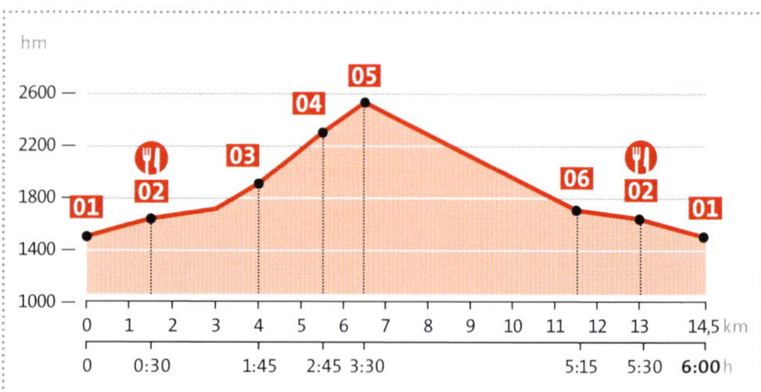

01 Parkplatz im Innerfeldtal, 1490 m; 02 Dreischusterhütte, 1626 m; 03 Abzweigung Lückele, 1895 m; 04 Großes Wildgrabenjoch, 2289 m; 05 Südostschulter, 2519 m; 06 Abzweigung Wildgrabenjoch, 1693 m

rechten Ast aufwärts, erst noch in lichtem Wald – vorbei an der **Abzweigung** **03** (1895 m) zum Lückele –, dann zwischen Latschen und schließlich über einen langen Geröllhang. Oben am **Großen Wildgrabenjoch** **04** (2289 m) heißt es dann: Vorhang auf! Da stehen die „Drei" – das viel besungene Wunder aus Stein, eines der großen Wahrzeichen der Alpen. Das herrliche Bild begleitet den Wanderer nun auf dem Weiterweg. Der steigt zunächst durch eine Felsrinne (Drahtseile) an, quert dann, weiter an Höhe gewinnend, die steinige

Was für ein Rastplatz. Die Drei Zinnen von der Geländerschulter über der Schwabenalp.

Schwabenalp nach Osten hin. Zur Linken baut sich der Schwabenalpenkopf (2687 m) auf. An seiner markanten **Südostschulter** 05 ist der höchste Punkt der Runde (ca. 2519 m), eine besonders schöne Aussichtswarte, erreicht.

Der Steig führt nun östlich hinab in die weite Karrenmulde zwischen Morgenkopf und Gwengalpenjoch; bald verschwinden die Drei Zinnen hinter dem Kamm, dafür zeigen sich sehr schön Dreischusterspitze (3145 m) und Schusterplatte. Der weitere Talabstieg vollzieht sich in vielen Schleifen, führt hinunter in den Graben des Innichbachs und über sein breites Geröllbett zurück zur **Abzweigung Wildgrabenjoch** 06 (1693 m) unter dem Morgenkopf.

Hier erinnert eine Tafel an Georg Freiherr von Ompteda (1863–1931), der ein großer Freund der Sextener Bergwelt war und in der Nähe ein Blockhaus besaß. Einer seiner Romane hätte gut zu der Wanderrunde gepasst: „Die kleine Zinne". Auf dem Hinweg zurück zum **Parkplatz** 01.

VON INNICHEN NACH SEXTEN

Spaziergang vor großer Kulisse

9 km | 3:00 h | 440 hm | 300 hm | 58

START | Innichen (1174 m) an der Mündung des Sextener Tals (Bahnhof). Zwischen Sexten und Innichen verkehrt ein SAD-Bus. [GPS: UTM Zone 33 x: 292.350 m y: 5.179.000 m]
CHARAKTER | Halbtageswanderung: viel Aussicht, wenig Anstrengung. Absolutes Highlight: die Zacken der Sextener Dolomitengipfel.

Man könnte diese Wanderung ins Sextener Tal mit einem „Amuse-Gueule" vergleichen, einem Appetithäppchen, das Vorfreude auf das große Menü weckt.

Denn so ähnlich verhält es sich mit dem Weg von Innichen nach Sexten: Nach längerem „Anlauf" kommen sie alle ins Blickfeld, die großen Dolomitengipfel um das Innerfeldtal und die Zacken der berühmten „Sextener Sonnenuhr". Da bleibt viel Zeit zum Schauen – und Träumen: einmal am Führerseil die Dreischusterspitze (3145 m) oder den Zwölfer (3094 m) besteigen, auf den legendären (Alpini-)Felsbändern durch die Steilflanken des Elfermassivs wandern, oder am sichernden Drahtseil zur Rotwand (2965 m) hinaufkraxeln.

▶ Die Wanderung beginnt in **Innichen 01** (1174 m), und da stehen ja auch ein paar steinerne Türme: die der Pfarrkirche und des berühmten Stifts. Man verlässt das Städtchen durch die Freisin-

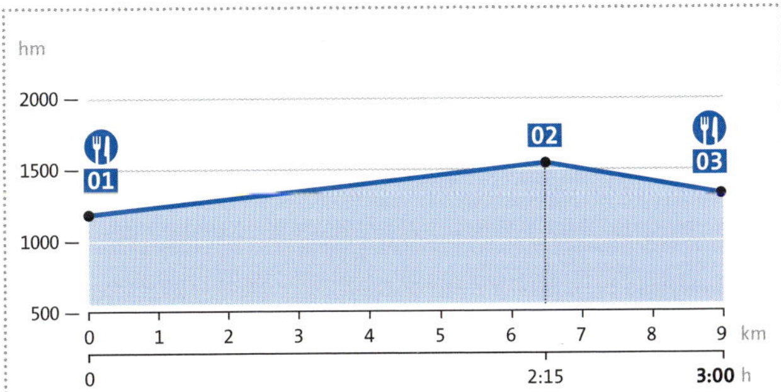

01 Innichen, 1174 m; 02 Waldkapelle, 1530 m; 03 Sexten, 1316 m

Kuentnerhof
Huber
Himmelreich
Raner
Tolderer
Gaden
Kranzhof
Stolzen
Leitlhof
Innichen
San Candido
Mehlhof
1437
Stauderhof
Lechen
1431
1333
Schopfenhof
1238
Klammschlössl
Walter
Anderter
Haselsberg
01
1175
Bachler
Pappinger
55
Erlebnisbad
Acquafun
49
E66
Wiesthal
Kaiserwasser
Fonti di S. Candido
Drau
Burg
1142
Jora-
hütte
52
Lärchwald
Untertal
Greiter
Wald
Schmiedlwiese
Burgwäl
Riese Haunold Hütte
Rif. G. Baranci
1499
Sextner Bach
Karnische
Dolomitenstraße
Wildbad Innichen
1333
(verf.)
Rio di Sesto
1703
Maierkaser
1630
Steinwald
1703
Innicher Alm
(Gemeindekaser)
Gantraste
Pausa Ganda
2130
Gweng-
wiesen
Alarmstange
Alla Stanga
2304
2158
2158
Lahner Riebeln
Haunoldköpfl
Picc. Rocca d. Baranci
Drei Zinnen
Gantkofel
2690
Cima Ganda
Südostg.
C. Sudest
Gwengwald

ger Straße und folgt dem breiten „Burgweg", der ganz allmählich an dem bewaldeten Bergrücken zwischen dem Drau- und dem Sextener Tal ansteigt.

Aussicht gibt's vorerst wenig; nur gelegentlich zeigen sich ein paar Innerfelder Kulissenberge: grauer Dolomit über Waldgrün. An der Verzweigung hinter der Hochraste (1404 m) hält man sich links (Hinweis „Helm") und folgt dem nun stärker steigenden Fahrweg in ein paar Schleifen bergan. Bei der signalisierten Abzweigung (Markierung 4d) rechts zur **Waldkapelle** 02 (1530 m) und leicht abwärts ins Rodungs- und Siedlungsgebiet von Außerberg.

Nun mit viel Aussicht auf Dolomitgipfel rund ums Fischleintal zum Hof Ladstätter (1449 m) und hinunter nach **Sexten** 03 (1316 m).

Im Sextental. Die „Heuharfe" erinnert an die einst slawischen Bewohner der Gegend.

HELM UND HORNISCHEGG • 2550 m

Was für eine Schau!

15,5 km 4:45 h 590 hm 1320 hm 58

START | Bergstation der Helm-Gondelbahn (2041 m); Talstation in Sexten.
[GPS: UTM Zone 33 x: 298.500 m y: 5.176.941 m]
CHARAKTER | Aussichtsreiche Höhen- und Grenzkammwanderung mit langem Abstieg (Teleskopstöcke). Durchwegs ordentliche, markierte Wege.

„An keiner anderen Stelle der Alpen stehen die Gipfel einer bestimmten Berggruppe so unmittelbar und vollständig da wie hier die Gipfel der Sextener Dolomiten, dabei so klar und übersichtlich, dass man sie, ehe man sie wirklich betritt, gewissermaßen schon mit den Augen durchwandern kann.“

Was Karl Springenschmid vor ein paar Jahrzehnten schrieb, hat auch heute noch seine Gültigkeit, nur ist der Weg zur herrlichen Aussicht inzwischen wesentlich kürzer geworden. Mit der Seilbahn schwebt man in ein paar Minuten bis zur Waldgrenze hinauf, und eine Stunde später steht man dann auf dem Gipfel, die Parade der Sextener Dolomiten vor sich und die Hohen Tauern mit Großvenediger und Großglockner im Rücken. Was für eine Schau!

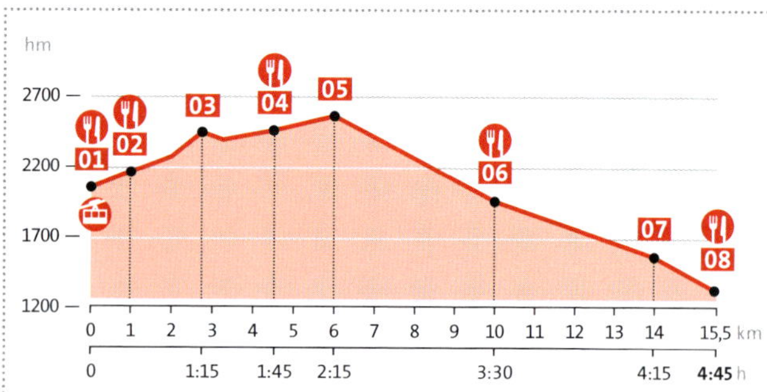

01 Bergstation Helm-Gondelbahn, 2041 m; 02 Hahnspielhütte, 2150; 03 Helm, 2434 m; 04 Sillianer Hütte, 2447 m; 05 Hornischegg, 2550 m; 06 Klammbachhütte, 1944 m; 07 Mitterberg, 1550 m; 08 Sexten, 1316 m

Wunderbarer Tiefblick ins Tal; im Vordergrund der Felszahn des Einsers.

▶ Von der Bergstation der **Helmbahn** 01 (2041 m) führt eine Sandstraße in angenehmer Steigung zur **Hahnspielhütte** 02 (2150 m) und in weitem Bogen hinaus zum Südwestgrat des Helms. Hier links und in kurzem Zickzack an dem schrofigen Rücken direkt zum **Helmgipfel** 03 (2434 m) mit dem ehemaligen Zollhaus und großem Panorama.

Gut einzusehen ist auch der Weiterweg am Grenzkamm entlang zur **Sillianer Hütte** 04 (2447 m) und weiter zum **Hornischegg** 05 (2550 m), größtenteils auf dem „Karnischen Höhenweg". In der Karmulde östlich unter dem Gipfel liegen die winzigen Hollbrucker Seen.

Der Abstieg führt zunächst ostwärts hinunter in die Gratsenke (2483 m) zwischen Hornischegg und Hollbrucker Spitze (2580 m). Man traversiert sie zu der signalisierten Abzweigung ins Klammbachtal: in einer weiten Rechtsschleife bergab und über die teils

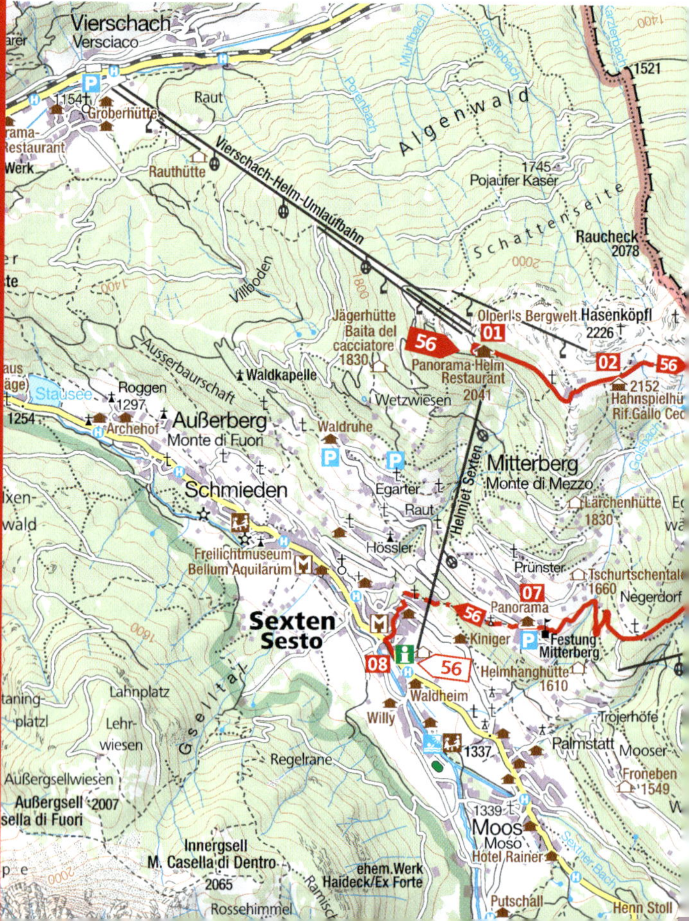
Vierschach
Versciaco
1154
Groberhütte
rama-
Restaurant
Werk
Raut
Rauthütte
Vierschach-Helm-Umlaufbahn
Algenwald
Porenbach
Mühlbach
Loretobach
1400
1521
1745
Pojaufer Kaser
Schattenseite
Raucheck
2078
2000
1400
Villboden
1800
Jägerhütte
Baita del
cacciatore
1830
Olperl's Bergwelt
Hasenköpfl
2226
01
56
02
56
Panorama-Helm
Restaurant
2041
2152
Hahnspielhü
Rif.Gallo Ced
Ausserbaurschaft
Waldkapelle
Stausee
Roggen
1297
1254
Archehof
Außerberg
Monte di Fuori
Wetzwiesen
Waldruhe
Helmjet Sexten
Mitterberg
Monte di Mezzo
Lärchenhütte
1830
Schmieden
Egarter
Raut
Hössler
Freilichtmuseum
Bellum Aquilarum
Prünster
Tschurtschentale
1660
Negerdorf
07
Panorama
56
Kiniger
Festung
Mitterberg
Sexten
Sesto
08
56
Helmhanghütte
1610
Waldheim
Willy
1600
Lahnplatz
Lehr-
wiesen
Gselltal
Regelrane
1337
Trojerhöfe
Palmstatt
Mooser
Froneben
1549
Außergsellwiesen
Außergsell
sella di Fuori
2007
1339
Moos
Moso
Hotel Rainer
Sextner Bach
Innergsell
M. Casella di Dentro
2065
ehem.Werk
Haideck/Ex Forte
Ramisch
Rossehimmel
Putschall
Henn Stoll
2000

grasige, teils schrofige Südflanke des Hornischeggs – zuletzt über ein paar Schleifen – hinunter zur **Klammbachhütte** **06** (1944 m).

Von der Jausenstation erst flach, dann fallend in den Graben des Kampenbachs, wo man auf eine Straße trifft. Sie führt über das Negerdorf (1705 m) in zwei Kehren hinunter zur ehemaligen Festung **Mitterberg** **07** (1550 m) und zum Gasthaus Panorama.

Zuletzt auf einem Weg schräg bergab nach **Sexten** **08** (1316 m). Durch den Ort zum Parkplatz der Helmbahn.

Drei Zinnen, Schusterplatte und Dreischusterspitze vom Anstieg zum Hornischegg.

57

FISCHLEINTAL

Der schönste Sextener Spaziergang

13 km | 3:00 h | 210 hm | 210 hm | 58

START | Sexten (1316 m), Parkmöglichkeit im Ort; Bushalt. [GPS: UTM Zone 33 x: 297.400 m y: 5.175.380 m]
CHARAKTER | Gemütliche Talwanderung ohne nennenswerte Steigungen mit Einkehr am Wendepunkt.

Wenn es einen Flecken in den Sextener Dolomiten gibt, der so ganz unserer Vorstellung einer Dolomitenidylle entspricht, dann ist es wohl der Fischleinboden. Da verbinden sich Formen und Farben zu einem vollkommenen Bild, vor allem natürlich im Herbst, wenn die Lärchen sich verfärben, golden aufflammen, und der Himmel sein tiefstes Blau zeigt. Über den mit Latschen bewachsenen Hängen ragt hellgrauer Fels in den Himmel, zur Rechten massig die Dreischusterspitze (3145 m), links Rotwand (2965 m) und Elfer (3092 m), im Talhintergrund der Zwölfer (3094 m): Naturwunder Fischleintal.

Fisch gibt es allerdings höchstens auf der Speisekarte des Hotels Dolomitenhof (das übrigens seit vielen Generationen im Besitz der Bergführerdynastie Innerkofler ist). Bei der deutschen Bezeichnung für dieses Dolomitental handelt es sich nämlich um eine Verballhornung des lateinischen „fiscalina“, was so viel bedeutet

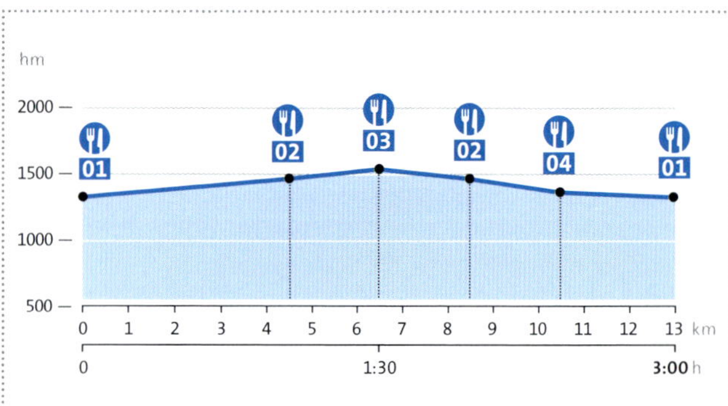

01 Sexten, 1316 m; 02 Parkplatz Fischleinboden, 1454 m; 03 Talschlusshütte, 1548 m; 04 Bad Moos, 1353 m

Blickfang am Weg in den Fischleinboden: die Ostabstürze der Dreischusterspitze.

wie „zum königlichen Fiskus gehörend“ bzw. tributpflichtig. In diesem einen Fall kommt die italienische Bezeichnung Val Fiscalina der Namenswurzel näher – allerdings eine seltene Ausnahme!

▶ In der Ortsmitte von **Sexten** 01 (1316 m) über den Bach (Tafeln) und auf einem Sträßchen zunächst flach über den Wiesenplan, dann rechts haltend kurz bergan zum „Waldweg Fischleintal“, der in sanftem Anstieg den Taleingang ansteuert. Hier kommt man an den spärlichen Überresten des ehemaligen Festungswerks Haideck (1413 m) vorbei. Weiter über schöne Lärchenwiesen zum **Großparkplatz** (1454 m) beim **Hotel Dolomitenhof** 02 und auf einem Sandsträßchen (alternativ auch ein markierter Weg) über den licht bewaldeten Fischleinboden zur **Talschlusshütte** 03 (1548 m).

Zurück zum **Hotel Dolomitenhof** 02, dann links des Fischleinbachs auf einem Fahrweg nach **Bad Moos** 04 (1353 m) und am Sportzentrum vorbei hinein zum Ausgangspunkt der Wanderung in **Sexten** 01.

Im Fischleinboden. Blickfang ist der elegante Felsbau des mächtigen Einserkofels.

Baita del cacciatore
1830
Panorama-Helm Restaurant
2041
2226
2152 Hahnspielhütte Rif. Gallo Cedrone
Ausserbaurschaft
Waldkapelle
Roggen
1297
Wetzwiesen
Archehof
Außerberg
Monte di Fuori
Waldruhe
Mitterberg
Monte di Mezzo
Helmjet Sexten
Egarter
Raut
Lärchenhütte
1830
Eggetswälder
Schmieden
Hössler
Prünster
Freilichtmuseum Bellum Aquilarum
Tschurtschentalerhof
1660
Negerdorf
57
01
Sexten
Sesto
Panorama
Kiniger
Festung Mitterberg
Helmhanghütte
1610
Waldheim
Lahnplatz
Lehrwiesen
Gselltal
Willy
Trojerhöfe
1337
Palmstatt
Mooser-
Froneben
1549
Wälder
Regelrane
2007
1339
Moos
Moso
Hotel Rainer
Innergsell
M. Casella di Dentro
2065
ehem. Werk Haideck/Ex Forte
04
Sextner Bach
Putschall
Henn Stoll
Rossehimmel
Ramischköfel
Bad Moos
Unterwiese
Sextner Turm
Torre di Sesto
Schützenstübele
52
Klapfegge
Croda Rossa / Rotwand
Signaue
Sellknoten Sesto-Sud
2446
Mooser Wälder
Schwarzboden
Karnische Dolomitenstraße
2373
Warmstein
Porzen
1528
St. Veiter-Wald
Val Fiscalina
Rio Val Fiscalina
02
Fischleinbodenhütte
Ristoro Piano Fiscalina
1454
Rotwandwiesenhütte
Rif. Prati di Croda Rossa
1924
Rudi-Hütte
Rif. Rudi
1950
Dolomitenhof-Chalet Alte Post
Weißlahn
Kühlwälder
2056
Langlahn
Weitental
Fischleintal
2168
2345
Langlahnspitze
2770
03
Wurzbach
2675
Prater
2745
Talschlusshütte
Rif. al Fondo Valle
1548
Anderteralm
1631
Bacherntal
2698
Elferschartenspitze
2650
Altensteiner Bach
Val Sasso Vecchio
Einserkofel
Cima Una
Elferscharte
Forc. Undici
2717
2550
0 500 m

RUND UM DEN EINSER

Die große Sextener Wanderrunde

18 km | 6:45 h | 1160 hm | 1160 hm | 58

START | Parkplatz Fischleinboden (1454 m), Zufahrt von Sexten (Bushalt), großer Parkplatz.
[GPS: UTM Zone 33 x: 297.570 m y: 5.171.560 m]
CHARAKTER | Große Runde auf ordentlich markierten, viel begangenen Wegen. Trittsicherheit und Ausdauer notwendig. Einmalige Kulisse, ständig neue, faszinierende Perspektiven der Sextener Bergwelt.

Der absolute Wanderklassiker in den Sextener Dolomiten ist die große Tour um den Einser, und das nicht ohne Grund. Aus dem Wegverlauf ergeben sich immer wieder neue, faszinierende Szenerien mit den Drei Zinnen als einem der Höhepunkte; drei bewirtschaftete Hütten unterwegs bieten sich zur Einkehr und Rast an. Dass man an Schönwettertagen da nicht allein unterwegs ist, versteht sich fast von selbst, doch das schmälert die Freude nur wenig. Fast mehr Probleme als die vielen Gleichgesinnten macht die Frage der Gehrichtung: mit oder gegen den Uhrzeiger? Beide Varianten haben ihren Reiz; wählt man den Aufstieg durch das Altensteintal, stehen die Drei Zinnen (2999 m) unter der hohen Mittagssonne, dafür präsentiert sich dann die Kulisse des Bachern-

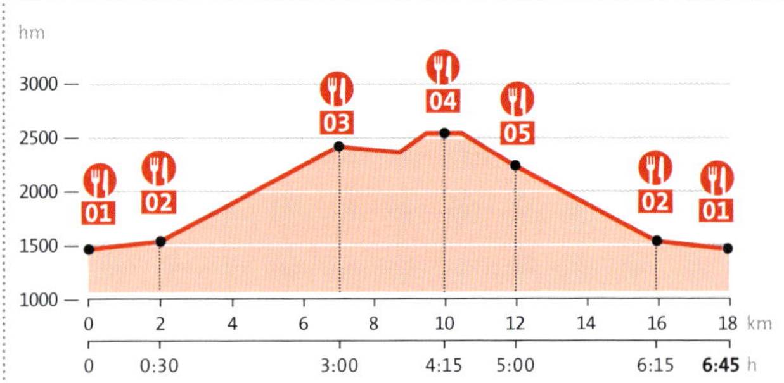

01 Parkplatz Fischleinboden, 1454 m; 02 Talschlusshütte, 1548 m; 03 Drei-Zinnen-Hütte, 2405 m; 04 Büllelejochhütte, 2528 m; 05 Zsigmondyhütte, 2224 m

Die Bödenseen, Blick auf den Zwölferkofel.

tals mit Zwölfer, Elfer und Rotwand besonders schön im schräg einfallenden Licht der Nachmittagssonne. Natürlich kann man auch am Nachmittag zur Drei-Zinnen-Hütte aufsteigen und die herrliche Abendstimmung an den „Drei" genießen, um anderntags den Weiterweg unter die Füße zu nehmen. Dabei eröffnet sich die Möglichkeit, noch den einen oder anderen Gipfel „mitzunehmen": Klettersteigler werden den Paternkofel oder den Toblinger Knoten anpeilen.

▶ Vom großen **Parkplatz** 01 im Fischleintal (1454 m) fast eben über den licht bewaldeten Fischleinboden zur **Talschlusshütte** 02 (1548 m), wo das Gros der Ausflügler ein- und umkehrt, dann westlich ansteigend ins Altensteintal. Bei der Weggabelung (1631 m) geradeaus. Zur Linken ragen die Nordwände von Einser (2698 m; Bergsturz von 2007) und Oberbachernspitzen (2677 m) in den Himmel, im Talhintergrund zeigen sich über der Bödenalpe die bizarren Zackenprofile von Paternkofel (2744 m) und Toblinger Knoten (2617 m).

Zwischen den beiden Gipfeln, in der Senke des Toblinger Riedls (2405 m), steht die **Drei-Zinnen-Hütte** 03, die der viel begangene Weg, zuletzt nur mehr mäßig steigend, in einem weiten Linksbogen anpeilt. Und dann stehen sie da, die Drei Zinnen, aus dem weiten Geröllboden der Lange Alm aufsteigend – was für ein Bild!

Der Weiterweg führt unter dem mit zahlreichen Türmen und Zacken („Frankfurter Würstl") bestandenen Nordgrat des Paternkofels leicht bergab zur Bödenalpe mit ihren Seeaugen. Man quert die Geröllhänge unter den Bödenknoten, dann geht's auf ausgetretener Geröllspur steil bergan ins Büllelejoch (2522 m) mit Prachtblick zum wuchtigen Zwölfer (3094 m). Nur ein paar Gehminuten weiter nordöstlich steht die schmucke **Büllelejochhütte** 04 (2528 m).

Ein aus dem Fels gesprengtes Band leitet flach zum nahen

Auf Höhenwegen durch die Sextener Dolomiten

Eine Tour der Superlative, drei oder (besser) vier Tage zwischen Tal und (Dolomiten-)Traum, vom Misurinasee bis nach Sexten auf markierten Wegen und Klettersteigen. Routenverlauf: Col de Varda (2115 m; Sessellift von Misurina) – „Sentiero Bonacossa" – Rifugio Fonda Savio (2367 m) – Rifugio Auronzo (2320 m) – Lange Alm – Drei-Zinnen-Hütte (2405 m) – „De Luca-Innerkofler-Steig" – Paternkofel (2744 m) – „Schartenweg" – Büllelejoch (2522 m) – Büllelejochhütte (2528 m) – Zsigmondyhütte (2224 m) – „Alpinisteig" – Sextener Rotwand (2936 m) – Rotwandwiesen (1914 m; Gondellift nach Bad Moos). Reine Gehzeit etwa 18 Std., Wander- und Klettersteigausrüstung, Schlafsack-Inlet.

Oberbachernjoch (2519 m), wo sich ein stimmungsvoller Blick auf die Felskulisse des Bacherntals auftut. Breitmassig der Elfer (3092 m), von dem sich ein hoher Gratrücken südwärts über den Zsigmondykopf (2998 m) und die Hochbrunnerschneid (3046 m) bis zum Monte Giralba (2995 m) hinzieht. Nicht zu übersehen ist der düstere Karwinkel des Inneren Lochs, durch den der Aufstieg zur Hochbrunnerschneid verläuft, ebenso die mächtige Geröllterrasse an der Westflanke des Elfers, über die der „Alpinisteig" (siehe Tour 59) verläuft. Diese herrliche Aussicht begleitet den Wanderer nun auf dem Weg hinunter zur **Zsigmondyhütte 05** (2224 m), die sich einer unvergleichlich schönen Lage vor dem Zwölferkofel (3094 m) erfreut.

Vom Schutzhaus in ein paar Schleifen über steile und steinige Hänge bergab gegen das Bacherntal, dann hoch an seiner linken Flanke dahin, zuletzt wieder steiler hinunter bis zur Weggabelung am Eingang ins Altensteintal (1631 m).

Auf dem Hinweg – an der **Talschlusshütte 02** (1548 m) vorbei – zurück zum **Großparkplatz 01** beim Hotel Dolomitenhof.

Drei-Zinnen-Hütte, Paternkofel und Drei Zinnen.

Außergsell 2007
M. Casella di Fuori
Innergsell
M. Casella di Dentro
2065
Steinalpe
Rossehimmel
Ramischkofel
ehem. Werk Haideck/Ex Forte
Moos
Moso
Hotel Rainer
Putschal
Unterwiese
Sextner Turm
Torre di Sesto
2596
2575
Steinalpentürme
2875
Nördl. Gsellknoten
Cima di Sesto-Nord
2870
Südl.Gsellknoten
Cima di Sesto-Sud
2446
Klapfegge
Steinalpenkar
St. Veiter-Wald
Val Fiscalina
Mooser Wälder
Warmstein
1528
Dreischusterspitze
Punta dei Tre Scarperi
2373
3145
3125
Kleiner Schuster
P. Piccola d. Scarperi
01
58
Fischleinbodenhütte
Ristoro Piano Fiscalina
1454
Dolomitenhof-
Chalet Alte Post
Rotwandwiese
Rif. Prati di Croda
Wiener Turm
3095
2680
2892
Weißlahn
Weißlahnscharte
2880
Forc. Lavina Bianca
2987
Langlahn
Kuhlwälder
Weitental
Weißlahnspitze
P. Lavina Bianca
2957
Schusterplatte
Lastron dei Scarperi
2609
2886
Altensteiner Scharte
2790
Forc. Sassovecchio
Fischleintal
Langlahnspitze
2770
Innichriedlknoten
Crodon di San Candido
2891
Innichbachergraben
02
Talschlusshütte
Rif. al Fondo Valle
1548
Bacherntal
V. Fiscalina Alta
2513
2550
1631
Innichriedl
C. di S. Candido
2381
Toblinger Knoten
Torre di Toblin
2617
Altensteiner Bach
Val Sasso Vecchio
Elferscharte
Sextner Stein
Sasso di Sesto
2539
2335
Bödenalpe
Alpe dei Piani
Altensteiner Tal
Einserkofel
Cima Una
Oberbachernspitzen
Crode Fiscaline
2698
2677
2675
Östl.-Est
Westl.
2635
Kanzel
Il Pulpito Alto
2531
Bödenseen
L. dei Piani
03
2405
Drei-Zinnen-Hütte
Rif. A. Locatelli-S. Innerkofler
2348
Paternkofel
M. Paterno
2744
Gamsscharte
04
Büllelejochhütte
Rif. Pian di Cengia
2528
Zsigmondy-Hütte
Rif. Comici
2224
2413
Büllelejoch
Forc. Pian di Cengia
2522
2519
Oberbachernjoch
Pso Fiscalino
05
Hochleist
La Lista
2379
Sandebühel
Collerena
2212
2584
2607
Passportenkofel
Croda Passaporto
2701
L. d. Cengia
Sandebüheljoch
Pso del Collerena
2425
Paternsattel
Forc. Lavaredo
2454
Laghi di Lavaredo
M.Cengia
2559
2524
Zwölferkofel
Cima Dodici
Zwölferscharte
Forc. Croda dei Toni
3094
2917
Lavaredohütte
Rif. Lavaredo
2344
2857
3023
Croda A.Berti
Alpini
2314
0
500 m
2226
Monumento ai Caduti
Val del Salto
Val dei Toni
Cason Cengia Bassa
1602
2386
2604
2558
Cima Sud
2945
C. d'Auronzo

DER ALPINISTEIG

Die berühmteste Felspromenade der Sextener Dolomiten

18 km | 6:45 h | 690 hm | 1250 hm | 58

START | Bergstation des Rotwandwiesen-Gondellifts (1914 m). [GPS: UTM Zone 33 x: 299.050 m y: 5.171.300 m]
CHARAKTER | Anspruchsvolle, auch recht lange Tour; absolute Schwindelfreiheit und ein sicherer Tritt sind unerlässlich! Das Salvezza-Band (Drahtseile) verläuft quer durch senkrechte Felswände – nichts für Ängstliche. Selbstsicherung unbedingt ratsam, ebenso ein Helm!

Quer durch die Sextener Dolomiten verlief im Ersten Weltkrieg die Alpenfront, und so stößt man bei Wanderungen allenthalben auf Überreste alter Stellungen. Auch die „Strada degli Alpini" ist ein Relikt jener unseligen Zeit – und heute fraglos einer der eindrucksvollsten Steige in den Dolomiten. Seine Hauptschwierigkeiten liegen in der (oft vereisten) Nordflanke des Elfers.

Wer die Tour an den Rotwandwiesen startet und bei der Elferscharte in den „Alpinisteig" einfädelt, meidet diese heiklen Passagen, ohne wesentliche Abstriche am Landschaftserlebnis machen zu müssen.

Großartig die Traverse der Elfer-Westflanke zum Äußeren Loch, einmalig dann der Gang auf schmalen Felsbändern zum In-

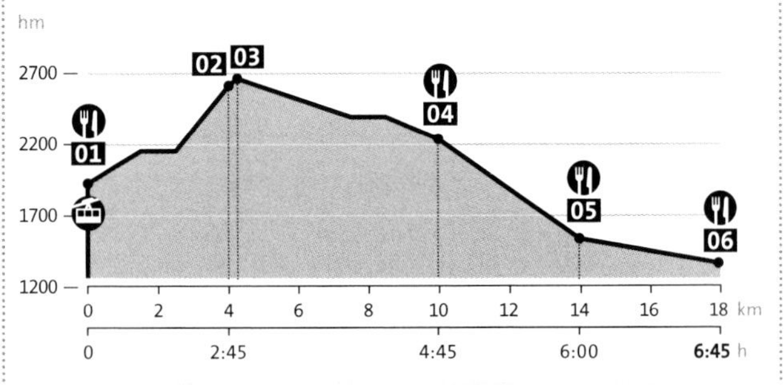

01 Rotwandwiesen, 1914 m; **02** Elferscharte, 2600 m; **03** Elferschartenschulter, 2650 m; **04** Zsigmondyhütte, 2224 m; **05** Talschlusshütte, 1548 m; **06** Bad Moos, 1353 m

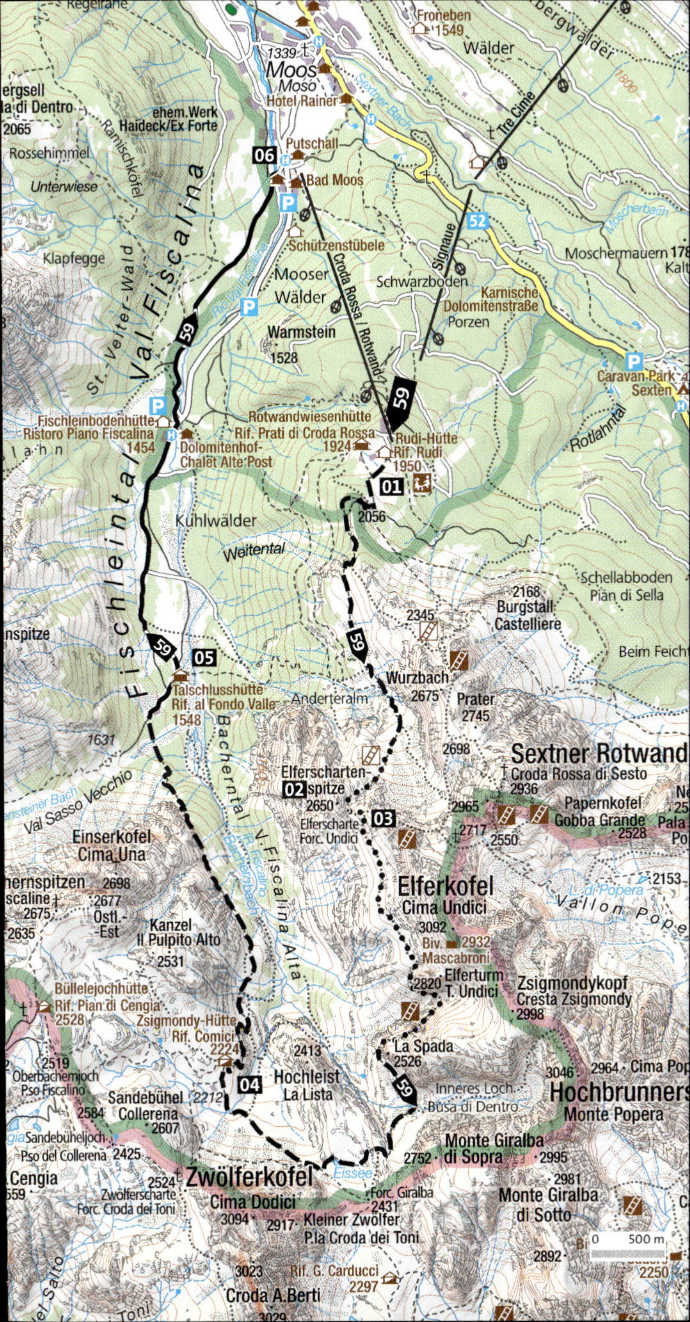
Froneben
1549
Wälder
Tre Cime
1339
Moos
Moso
Hotel Rainer
ehem.Werk
Haideck/Ex Forte
2065
Rossehimmel
Unterwiese
Ramischköfel
06
Putschall
Bad Moos
Val Fiscalina
52
Signaue
Schützenstübele
Klapfegge
Croda Rossa / Rotwand
Mooser
Wälder
Schwarzboden
Moschermauern
Karnische
Dolomitenstraße
Porzen
Warmstein
1528
St. Veiter-Wald
Caravan-Park
Sexten
59
Fischleinbodenhütte
Ristoro Piano Fiscalina
1454
Rotwandwiesenhütte
Rif. Prati di Croda Rossa
1924
Rudi-Hütte
Rif. Rudi
1950
Dolomitenhof-
Chalet Alte Post
Rotlahntal
01
2056
Kühlwälder
Weitental
Schellabboden
Pian di Sella
2168
Burgstall
Castelliere
2345
Fischleintal
05
Beim Feicht
Wurzbach
2675
Prater
2745
Talschlusshütte
Rif. al Fondo Valle
1548
Anderteralm
1631
2698
Sextner Rotwand
Croda Rossa di Sesto
2936
Elferscharten-
02 spitze
2650
Bacherntal
2965
Papernkofel
Gobba Grande
2528
Val Sasso Vecchio
Elferscharte
Forc. Undici
03
2717
2550
Einserkofel
Cima Una
2153
L. di Popera
Vallon Popera
2698
2677
2675
Östl.-
-Est
2635
Kanzel
Il Pulpito Alto
Elferkofel
Cima Undici
3092
Biv.
2932
Mascabroni
Val Fiscalina Alta
2531
Bülleleiochhütte
Rif. Pian di Cengia
2528
Zsigmondy-Hütte
Rif. Comici
2224
2820
Elferturm
T. Undici
Zsigmondykopf
Cresta Zsigmondy
2998
La Spada
2526
2413
2519
Oberbachernjoch
Pso Fiscalino
04
Hochleist
La Lista
3046
2964
Cima Pop
Inneres Loch
Busa di Dentro
Hochbrunners
Monte Popera
Sandebühel
Collerena
2607
2212
2584
Sandebüheljoch
Pso del Collerena
2425
Monte Giralba
2752
di Sopra
2995
2981
Cengia
2524
Zwölferkofel
Zwölferscharte
Forc. Croda dei Toni
Eissee
Forc. Giralba
2431
Monte Giralba
di Sotto
Cima Dodici
3094
2917
Kleiner Zwölfer
P.la Croda dei Toni
0
500 m
2892
2250
3023
Rif. G. Carducci
2297
Croda A.Berti
3029

Am Weg ins Innere Loch; Blick auf Einser und Dreischusterspitze.

neren Loch. Und hinterher, beim Abstieg von der Zsigmondyhütte, kann man nochmals hinüberschauen in die Felswildnis des Elfers und zu jener schmalen Linie, die fast horizontal durch senkrechte Abbrüche verläuft. Schon eine tolle Route, der „Alpinisteig"!

▶ Von der **Liftstation** (1914 m) auf den **Rotwandwiesen** **01** folgt man zunächst dem breiten Pfad,

Berühmtes Dolomitenmotiv am Alpinisteig.

der – vorbei an der Rudihütte – südlich zu einer Wegspinne führt (Tafeln). Hier rechts aufwärts und um die Ausläufer der Rotwandköpfe herum.

An der Westseite des felsigen Kamms mit freier Sicht auf das gewaltige Massiv der Dreischusterspitze (3145 m) taleinwärts zur Anderteralm, wo ein von der Talschlusshütte heraufkommender Steig mündet. Mit der Markierung 124 in das Geröllkar unter der Sentinellascharte und rechts haltend im Zickzack steil hinauf in die **Elferscharte** **02** (ca. 2600 m).

Nun mit Drahtseilhilfe über eine Felsstufe hinauf zum Alpinisteig bzw. zur **Elferschartenschulter** **03** (2650 m). Er führt über die mächtige Geröllterrasse unter dem Elfer (3092 m) in den Karwinkel des Äußeren Lochs. Über den Graben (meistens Schneereste) und auf schmalen Bändern durch die Nordabstürze der Mitra (2788 m). Sehr ausgesetzt auf dem Salvezza-Band (berühmtes Fotomotiv) ins Innere Loch und über die Fels- und Geröllböden (Gegenanstieg) in weitem Bogen unter dem Giralbajoch (2431 m) hindurch – rechts der winzige Eissee – zur **Zsigmondyhütte** **04** (2224 m).

Auf dem Hüttenweg an der linken Flanke des Bacherntals hinab zur **Talschlusshütte** **05** (1548 m) und durch das Fischleintal zurück zur Talstation des Rotwandwiesenlifts bei **Bad Moos** **06** (1353 m).

ALPE NEMES • 2041 m

Almwandern mit Aussicht

16 km | 5:15 h | 790 hm | 790 hm | 58

START | Moos (1339 m), Ortsteil von Sexten an der Straße zum Kreuzbergpass (Bushalt).
[GPS: UTM Zone 33 x: 298.550 m y: 5.174.210 m]
CHARAKTER | Wenig anstrengende, aber recht lange Almwanderung auf guten Wegen (teilweise Sandstraßen).

Die größten und schönsten Almreviere von Sexten liegen im Osten, nahe der Provinzgrenze unter dem Karnischen Hauptkamm. Wer hinauffährt zum Kreuzbergpass bekommt eine Ahnung von den stillen Schönheiten dieses Landstrichs mit seinen Lärchenwäldern und den ausgedehnten Almwiesen.

In der Nähe der Nemesalm (1877 m) entdeckt man ein ganz spezielles Biotop, ein Hochmoor, das heute unter Naturschutz steht (Seikofel – Nemesalm). Und was die Almwirtschaft liefert – auch Natur im guten Sinne –, kommt in den Einkehrstationen gleich auf den Tisch: Milch, Käse. Probieren Sie mal!

▶ Die Runde startet recht steil, führt von **Sexten-Moos** 01 (1339 m) über Palmstatt hinauf zur **Helmhanghütte** 02 (1610 m) in schöner Lage über dem Ort. Weiter über Lärchenwiesen bergan zu einer Erschließungsstraße, die leicht steigend in den Graben des Kam-

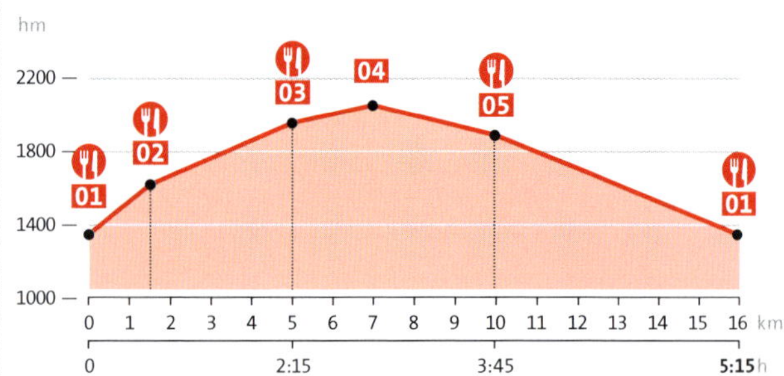

01 Sexten-Moos, 1339 m; 02 Helmhanghütte, 1610 m; 03 Klammbachhütte, 1944 m; 04 Punkt, 2041 m; 05 Alpe-Nemes-Hütte, 1877 m

Immer im Blick auf der Runde: die Sextener Dolomiten.

Beliebt: die Alpe-Nemes-Hütte.

penbachs führt. Über den Bach und links (Wegweiser) an dem bewaldeten Rücken des Stiergartens aufwärts, dann flacher über freie Wiesenböden zur schön gelegenen **Klammbachhütte** **03** (1944 m).

Die Fortsetzung der Runde führt – nochmals leicht zu **Punkt 2041 m** **04** ansteigend – um das Pfandleck herum in den Graben des Pullbachs. Auf einem Fahrweg wandert man hinunter zur **Alpe-Nemes-Hütte** **05** (1877 m) nahe der Provinzgrenze. Nun auf der Sandstraße zum Hochmoor unter dem Seikofel (1908 m) und durch die lichte Talmulde des Almbachs zu der Straßenspinne am Klammbach. Den Wegzeigern folgend im Wald hinab und hinaus nach **Sexten-Moos** **01**.

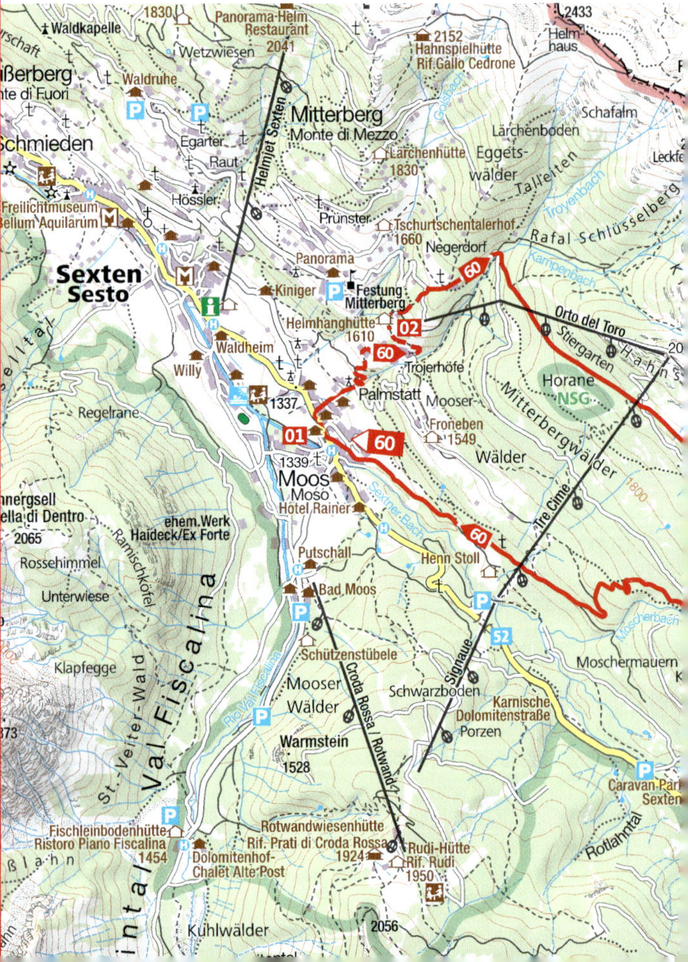

Vom Kreuzbergpass über die Klammbachhütte nach Sexten

Man kann die Almwanderung auch oben am Kreuzbergpass (1636 m; Bushalt) starten; die Markierung 131 leitet durch eine liebliche Hügellandschaft, teils Waldstraßen folgend, zur Alpe-Nemes-Hütte (1877 m). Weiter über die Klammbachhütte und die Helmhanghütte wie oben (in umgekehrter Richtung) beschrieben; Gehzeit etwa 5 Std.

ALLES AUSSER WANDERN

Auch für die Alpensüdseite gibt's keine Schönwettergarantie. Ein Regentag muss aber kein verlorener sein – man kann ihn durchaus positiv gestalten: einfach entspannen oder ein Museum besuchen. Vielleicht zwickt's ja im Wadl, da ist etwas Ruhe ganz angenehm. Möglicherweise war die Tour gestern auch etwas arg anstrengend. Wie wär's mit einem Ausflug nach Bruneck? Und das Angebot für einen gelungenen kulinarischen Abend reicht von deftig (vielleicht auf einer Hütte) bis zur Sterneküche...

MEINE TIPPS FÜR ...

> Kulturinteressierte

Wer zum Wandern ins Pustertal kommt, interessiert sich möglicherweise auch für die Geschichte der Dolomiten. Die spannende Zeitreise im **Museum DoloMythos** führt in unvorstellbare weit zurückliegende Epochen, als die Drei Zinnen noch formloser Schlick und Schlamm waren, abgelagert am Grund des Tethys-Meeres. Hier begegnet man Dinosauriern, versteinerten Muscheln, Ammoniten und Bergkristallen, dem sagenhaften Riesen Haunold und Samblana, der Winterkönigin. Der Besucher wandert durch die Jahrmillionen, sieht die Berge entstehen, das Gletschereis vorrücken und wieder verschwinden, und ganz zuletzt taucht der Mensch auf; er siedelt in den Tälern, „erobert" die Gipfel und führt schließlich sogar Krieg in der einmaligen Felskulisse. Das Museum DoloMythos in Innichen (Rainerstraße 11) ist täglich von 8–19 Uhr geöffnet, kein Ruhetag.

Eine andere, viel kürzere Geschichte, nämlich die des Südtiroler Tourismus, wird im Fremdenverkehrsmuseum in Niederdorf lebendig. Es beleuchtet vor allem die touristische Entwicklung im Hochpustertal von den Anfängen bis über die Eröffnung der Pustertalbahn 1871. Eine legendäre Figur jener Zeit war Frau Emma, eigentlich Emma Hellenstainer, die den „Schwarzen Adler" (heute Hotel Emma) zu einem weit über die Landesgrenzen hinaus bekannten Haus machte. Das **Museum im Haus Wassermann** ist Juli bis September Dienstag bis Sonntag 16–19 Uhr geöffnet, Mai/Juni Freitag und Sonntag 16 – 19 Uhr.

Bruneck, der Hauptort des Pustertals, hat kulturell einiges zu bieten. Im Schloss, das nach 1250 als bischöfliche Residenz errichtet und später mehrfach ausgebaut wurde, stellt Reinhold Messner die Bergvölker Asiens, Südamerikas, Afrikas und Europas vor, ihre Geschichte und Kultur. **Messner Mountain Museum Ripa**, geöffnet vom zweiten Sonntag im Mai bis zum 1. November von 10–18 Uhr, 26. Dezember bis 25. April 12–18 Uhr (Dienstag jeweils geschlossen).

Die bäuerliche Vergangenheit Südtirols wird im **Landesmuseum für Volkskunde** in Dietenheim bei Bruneck lebendig. Das Museum vermittelt ein umfassendes Bild vom bäuerlich geprägten Leben vergangener Tage bis zurück ins 17. Jahrhundert, mit Schwerpunkt auf die Zeit zwischen 1750 und 1850. Geöffnet 15.

April bis Ende Oktober Dienstag bis Samstag 10–17, Sonntag 14–18 Uhr.

Ganz besondere Schätze sind im **Mineralienmuseum Kirchler** in St. Johann im Ahrntal zu bewundern: Mineralien. In drei Schauräumen sind rund 1000 Exponate aus den Hohen Tauern und den Zillertaler Alpen ausgestellt. Eine besondere Attraktion bildet das Bergkristallgwindl aus dem Bergwerk Prettau. Geöffnet Montag bis Samstag 9.30 – 12, 14 – 18.30 Uhr (Oktober bis Mai nur bis 18 Uhr), Juli/August auch sonntags.

Der Bergbau spielte früher in der Wirtschaft Südtirols eine wichtige Rolle; geschürft wurde vor allem im Ridnaun und im Ahrntal. Viel Interessantes zum Thema vermittelt ein Besuch des **Museums Kornkasten** in Steinhaus. Geöffnet Anfang April bis Anfang November 10–17 Uhr, montags geschlossen (außer August).

> Genießer

Tilia Restaurant & Longue. Klein, aber fein. Chris Oberhammer zelebriert im gläsernen Zubau des ehemaligen Grand Hôtels in Neutoblach seine vom Guide Michelin mit einem Stern ausgezeichnete Kochkunst. Unbedingt reservieren (Sonntagabend und Montag geschlossen)! Tel. 335/8127783, www.tilia.bz

Traditionelle Südtiroler Küche genießt man in den historischen Stuben des Winkelkellers mitten in Toblach. Die Portionen sind auch für Sportliche ausreichend, die Preise moderat. Graf-Künigl-Straße 8, Tel. 0474/972 022.

Verschiedene Getreide, Brot und Kartoffeln kann man am **Feichterhof** kaufen. Jeden Dienstag und Freitag backt Bernhard Feichter in seinem Holzofen ein ganz besonders feines Brot. Alles natürlich bio. Zipfangerstraße 1, Toblach; Tel. 0474/972 324.

Für Käseliebhaber ist ein Abstecher zur **Schaukäserei Drei Zinnen** in Toblach ein absolutes Muss. Hier erfährt man nicht nur, wie ein Käse entsteht und reift, die Spezialitäten wie Innicher Weinkäse, Toblacher Stangenkäse, Kräuterkäse oder Pustertaler Räucherkäse gibt's natürlich auch zu kaufen, nebst allerlei typischen Südtiroler Leckereien (geöffnet Dienstag bis Samstag 8–19 Uhr, Sonntag 10–18 Uhr; Mitte Juli bis Mitte September auch montags).

In der Backstube des Feichterhofs.

BERGBAHNEN, HÜTTEN, GASTHÖFE

Regionale Bergbahnen mit Sommerbetrieb; Tal-Bergstation (Höhe/m)

Col de Varda (Sessellift)
Misurinasee – Col de Varda (2115 m)
Tour 50

Gitsch (Gondelbahn)
Meransen – Gaisraste (2058 m)
Tour 2

Haunold (Sessellift)
Innichen – Haunoldhütte (1499 m)
Tour 51, 52

Helm (Gondelbahn)
Sexten – Helmhang (2052 m)
Tour 56

Jochtal (Sessellift)
Vals – Jochtal (2006 m)

Klausberg (Sessellift)
Steinhaus – Klausberg (1602 m)

Kronplatz (Gondelbahn)
Reischach – Kronplatz (2274 m)
Tour 10

Rotwandwiesen (Gondelbahn)
Bad Moos – Rotwandwiesen (1914 m)
Tour 59

Sonnklar (Sessellift)
Michlreiser Alm – Sonnklarhütte (2400 m); Tour 25

Speikboden (Gondelbahn)
Sand in Taufers – Michelreiser Alm (1965 m); Tour 25

**Hütte/Gasthaus (Höhe/m)
Tel./Zugang, Zufahrt/Tour Nr.**

Astnerbergalm (1641)
349/3230747/Terenten/5

Birnlückenhütte (2441)
0474/654140/Kasern/31

Viel besucht: die Zsigmondy-Hütte.

Bonner (2307)
340/9428264/Kandellen/42

Brixner (2270)
0472/547131/Fanealm/1

Büllelejoch (2528)
337/451517/Fischleinboden/58

Chemnitzer (2419)
0474/653244/Neves-Stausee/16

Dreischuster (1626)
0474/966610/Innerfeldtal/52, 53, 54

Drei Zinnen (2405)
0474/972002/Rifugio Auronzo/46, 49, 58

Durraalm (2096)
349/4949480/Rein/23, 24

Dürrenstein (2040)
0474/972505/Plätzwiese/40

Edelrauthütte (2545)
0474/653230/Neves-Stausee/3, 16

Fanealm (1739)
0472/547184/Vals/1

Fischleinboden (1454)
0474/710044/Sexten/29

Fonda Savio (2367)
0435/39036/Misurina/50

Gögealm (2027)
348/9937960/Weißenbach/26

Gönneralm (1987)
347/9876876/Oberwielenbach/13

Graziani (2098)
0474/501158/Kronplatz/10

Grünwaldalm (1590)
340/7106895/Pragser Wildsee/35, 36

Hahnspiel (2150)
340/3934231/Helmbahn/56

Hochalmhütten (2114)
340/8713719/Pragser Wildsee/35

Kaseralm (2076)
0474/948094/Gsies-Talschlusshütte/34

Kasseler (2276)
0474/672550/Rein/20, 21

Klammbach (1944)
340/8608341/Sexten/56, 60

Knuttenalm (1911)
335/6508309/Rein/22, 23

Lahneralm (1986)
339/1611980/Kasern/31

Lavaredo (2344)
349/6028675/Rifugio Auronzo/49

Lenkjöchl (2590)
0474/654144/Kasern/30

Mühlbacher Badl (1694)
0474/505100/Mühlbach/15

Nemes (1877)
347/0119360/Kreuzbergpass/60

Oberraut (1260)
0474/559977/Amaten/14

Picio Pré (1950)
338/1406452/Furkel/11

Rastner (1931)
0472/546422/Ellen/8

BERGBAHNEN, HÜTTEN, GASTHÖFE

Roßalm (2164)
340/6864917/Gh. Brückele/38

Rötalm (2116)
0474/654226/Prettau/29, 30

Schönblick (1413)
0474/401182/Oberwielenbach/12

Seekofel (2327)
0436/866991/Pragser Wildsee/36

Sillianer (2447)
0043/664/5323802/Helm-Seilbahn/56

Sonnklar (2400)
0474/687797/Speikboden/25

Starkenfeld (1936)
0472/671565/Ellen/8

Taistner Sennhütte (1997)
340/3359611/Taisten/33

Talschluss (1526)
0474/710606/Fischleinboden/57, 58, 59

Tauernalm (2018)
340/1951972/Kasern/31

Tiefrastenhütte (2312)
334/9896370/Terenten/5

Uwaldalm (2042)
349/3834655/Gsies-Talschlusshüt-te/34

Waldner Alm (2068)
347/0360330/Prettau/28

Wieser (1850)
0472/520350/Meransen/2

Zsigmondy-Comici (2224)
0474/710358/Fischleinboden/58, 59

Das Wahrzeichen der Dolomiten: die Drei Zinnen.

In den Pfunderer Bergen, am Weg zur Tiefrastenhütte.

ÜBERNACHTUNGSVERZEICHNIS

€ unter 30 EUR €€ 30–60 EUR €€€ über 60 EUR
(pro Pers/DZ/incl. Frühstück)

Bruneck .... Plz 39031, Tel. +39 (0)474
Residence Aichner €€€, (Reischach), Reinthalstraße 2, Tel. 410236, www.residence-aichner.it
Hotel B&B Feldmessner €€, (Reischach), Prack zu Asch 1, Tel. 548469, www.feldmessner.com
Hotel Goldene Rose €€€, Am Graben 34b, Tel. 537780, www.hotelgoldenerose.com
B&B Am Schloss €€, Stadtgasse 14, Tel. (0)4370402, www.amschloss.it
Hotel Krone €€, Oberragen 8, Tel. 11108, www.hotelkrone.info
Hotel Reischach €€, (Reischach), Prack zu Asch 10, Tel. 548009, www.hotelreischach.com
Pension Pichlerhof €€, Luns 2, Tel. 401346, www.pichlerhof.info
Pension Haus Sandgrube €€, (Reischach), In der Sandgrube 40, Tel. 411008, www.haus-sandgrube.com

Innichen (San Candido) .... Plz 39038, Tel. +39 (0)474
Hotel Villa Stefania €€€, An der Botenbrücke 1, Tel. 913588, wwwvillastefania.com
Boutique-Hotel Orso Grigio €€€, Via Rainer Peter Paul 2, Tel. 913115, www.orsohotel.it
Leitlhof – Dolomiten Living €€€, Via Pusteria 29, Tel. 913440, www.leitlhof.com
Hotel Brandl €€–€€€, Via Mercato Vecchio 33, Tel. 913393, www.hotelbrandl.com
Hotel Baranci €€–€€€, Via Vitus Rastpichler 2, Tel. 913385, www.hotel-baranci.com
Sporthotel Tyrol & Wellness €€–€€€, Via Vitus Rastpichler 2, Tel. 913198, wwwsporthoteltyrol.it
Parkhotel Sole Paradiso €€€, Sextner Str.13, Tel. 913120, wwwsole-paradiso.com
Garni – Hotel Am Burghügel €€€, Freisinger Str. 6A, Tel. 913604, www.burghuegel.it
Dolce Vita Alpina Post Hotel €€€, Via dei Benedettini 10A, Tel. 913133, www.posthotel.it
Gasthof Capriolo - Rehbock €€€, Via Pusteria 2, Tel. 913143, www.hotel-capriolo.com

Niederdorf .... Plz 39039, Tel. +39 (0)474
Hotel Adler €€€, Piazza Von Kurz 3, Tel. 745128, www.hoteladler.com
Hotel Rose €€–€€€, Hans Wassermann-Str. 10, Tel. 745121, www.hotelrose.bz.it
Hotel Bachmann €€, Hans-Wassermann-Str. 1, Tel. 745126, www.hotel-bachmann.it
Garni-Appartments Helvetia €€, Lanaweg 4, Tel. 745162, www.garni-helvetia.it
Pension Vitalhof Hirben €€, Rienzstr. 5, Tel. 745010, www.hirben.it
Pension Kühbacher €€, Bahnhofstr. 6, Tel. 745163, www.kuehbacher.com
Bar Irma - B&B €€, Kohlerweg 2, Tel. 745152, www.irma.bz
Pension Klara €€, Frau-Emma-Str. 63, Tel. 745220

Hotel Emma-Schwarzer Adler €€, Frau-Emma-Str. 5, Tel. 745122, www.hotel-emma.it
Schmiedhofer Mair Gertraud €€, Parkweg 19, Tel. 745007, www.schmiedhofer.it

Sand in Taufers .... Plz 39032, Tel. +39 (0)474
Hotel Royal €€–€€€, Peintenweg 28, Tel. 678212, www.royal-budroni.com
Hotel Alpenrast €€€, (Rein), Rein 62, Tel. 672523, www.alpenrast.com
Hotel Alte Mühle €€–€€€, St. Moritzen 1-2, Tel. 678077, www.alte-muehle.it
Naturhotel Moosmair €€–€€€ Ahornach 44, Tel. 678046, www.moosmair.it
Hotel Spanglwirt €€ Ahrntaler Str. 23, Tel. 678144, www.spanglwirt.com

Sexten .... Plz 39030, Tel. +39 (0)474
Hotel Strobl €€€, St. Veitweg 8, Tel. 710371, www.hotel-strobl.com
Alpenwellnesshotel St.Veit €€€, Via Europa 16, Tel. 710390, www.hotel-st-veit.com
Sextner Hof €€€, Dolomitenstr. Via Dolomiti 13, Tel. 710390, www.sextnerhof.com
Hotel Mondschein €€€, Dolomitenstr. Via Dolomiti 5, Tel. 710322, www.hotelmondschein.com
Hotel Tonyhof €€, Via Europa 5, Tel. 710393, www.tonyhof.com
Berghotel €€€, Via Monte Elmo 10, Tel. 710386, www.berghotel.com
Gästehaus Pension Gruber €€–€€€, Via Leiten 7, Tel. 710229, www.gruber-sexten.com
Hotel Alpenblick €€€, St. Josef-Strasse 19, Tel. 710379, www.alpenblick.it
Garni Tschurtschenthaler €€–€€€, Via Europa 7, Tel. 710284, www.tschurtschenthaler.eu
Haus Geiger €–€€€, Via Europa 1, Tel. 710270, www.hausgeiger.com

Toblach .... Plz 39034, Tel. +39 (0)474
Hotel Tschurtschenthaler €€€, Viale San Giovanni 22, Tel. 972477, www.tschurtschenthaler.com
Hotel Laurin €€–€€€, Seeweg 5, Tel. 972206, www.hotel-laurin.com
Hotel Stauder €€–€€€, Kurze-Wand-Straße 16, Tel. 972488, www.hotel-stauder.com
Hotel Simpaty €€€, St. -Johannes-Str. 4, Tel. 973330, www.dobbiaco.org
Apparthotel Germania €€–€€€, Via Dolomiti 44, Tel. 972160, www.apparthotel-germania.com
Hotel Villa Monica €€–€€€, Gebr.-Baur-Str., Tel. 972216, www.hotel-monica.com
Hotel Cristallo €€€, St. -Johannes-Str. 37, Tel. 972138, www.hotelcristallo.com
Hotel Dolomiten €€€, Via Alemagna 3, Tel. 972136, www.hotel-dolomiten.com
Union €€€, Via Dolomiti 24, Tel. 970100, www.hotelunion.it
Park Hotel Bellevue €€€, Via Dolomiti 23, Tel. 972101, www.parkhotel-bellevue.com

Welsberg/Taisten .... Plz 39035, Tel. +39 (0)474
Hotel Hell €€ Hauptplatz 3, Tel. 944126, www.hotelhell.info
Hotel Chalet Olympia €€–€€€ Dorfstr. 5, Tel. 950012, www.chaletolympia.it
Hochwieserhof Wiesen €€ 39, Tel. 950329, www.hochwieserhof.it
Ferienhaus Lamp €€, Unterrainerstr. 65, Tel. 950037, www.ferienhaus-lamp.com

ORTE / TOURISMUSBÜROS

Bruneck (835 m), um 1250 gegründet und wenig später als Bruneke erstmals in einer Urkunde genannt, ist heute wirtschaftlicher und politischer Mittelpunkt des Pustertals. Der historische Kern mit der malerischen (und autofreien) Stadtgasse schmiegt sich an den Schlosshügel, die neueren Quartiere greifen hinaus in die Talweitung an der Mündung der Ahr in die Rienz. Wahrzeichen des Städtchens ist der von einer doppelten Zwiebelhaube abgeschlossene Turm der Rainkirche; die neugotische Pfarrkirche bewahrt ein Holzkruzifix aus der Pacher-Schule. Der Maler und Bildhauer Michael Pacher (um 1435–1498) wurde bei Bruneck geboren; er schuf u. a. die herrlichen Flügelaltäre von Bozen-Gries und St. Wolfgang. Messner Mountain Museum Ripa: siehe S. 214; Messner Mountain Museum Corones (Kronplatz): siehe S. 51

Bruneck Kronplatz Tourismus,
Rathausplatz 7
I-39031 Bruneck
Tel. +39/0474/555 722
www.kronplatz.com

Innichen (1175 m)
Kulturelles Zentrum des obersten Pustertals, das sich aus dem 769 von Tassilo III. gegründeten Benediktinerkloster entwickelte. Sehenswerte romanische Stiftskirche mit Krypta, einzigartiger Bauplastik und Portalfresken von Michael Pacher (Venezianer Tor). Im Inneren des dreischiffigen Baus monumentale Kreuzigungsgruppe (Mitte 13. Jh.) mit ausdrucksstarken Figuren; nur wenig später dürfte das Kuppelfresko entstanden sein, das die Schöpfungsgeschichte thematisiert. Museum DoloMythos: siehe S. 214

Tourismusverein Innichen
Pflegplatz 1
I-39038 Innichen
Tel. +39/0474/913 149
www.drei-zinnen.info

Niederdorf (1157 m)
Stattliches Dorf im Hochpustertal, an der Straße von Bruneck nach Toblach. Sehenswert einige schöne alte Häuser im Ortskern, über dem sich die barocke Pfarrkirche (Altarbilder von Martin Knoller) erhebt. Daneben die zierliche spätgotische Annakapelle. Aus der gleichen Epoche datiert die außerhalb des Ortes im freien Feld stehende Mooskirche (1491). Fremdenverkehrsmuseum im Haus Wassermann: siehe S. 214

Tourismusverein Niederdorf,
Bahnhofstraße 3
I-39039 Niederdorf
Tel. +39/0474/745 136
www.drei-zinnen.info

Stützpunkt in den Sextener Dolomiten: die Büllejochhütte.

Naturwunder in den Pragser Dolomiten: der Wildsee.

Sand in Taufers (867 m)
gilt als touristisches Zentrum des Tauferer und Ahrntals. Wahrzeichen des Fleckens ist sein Schloss, eine mächtige, wehrhafte Anlage, die im Kern auf das 13. Jahrhundert zurückgeht, in spätgotischer Zeit stark um- und ausgebaut wurde. Einige Räumlichkeiten besitzen noch ihre Originalausstattung (Bibliothek, Gerichtssaal); die Apsisfresken der Burgkapelle werden dem Brunecker Michael Pacher zugeschrieben (Führungen). Südlich vor dem Ort, auf halbem Weg nach Mühlen, steht die Pfarrkirche, ein gutes Beispiel der Pustertaler Spätgotik, 1527 vollendet.
Tourismus Information
Josef-Jungmann-Straße 8
39032 Sand in Taufers
Tel. +39/0474/678 076
www.tauferer.ahrntal.com

Sexten (1316 m)
Im Ersten Weltkrieg zu einem Großteil zerstörtes Dorf, heute Zentrum des Tourismus im Hochpustertal. Sehenswerte Totentanzfresken von Rudolf Stolz am Friedhof; eine umfassende Werkschau des Künstlers zeigt das Rudolf-Stolz-Museum (Öffnungszeiten beim Tourismusverein).
Tourismusverein Sexten
Dolomitenstraße 45
I-39030 Sexten
Tel. +39/0474/710 310
www.drei-zinnen.info

Toblach (1241 m)
Stattliches Dorf mit sehenswerter barocker Pfarrkirche (Deckenfresken von F. A. Zeiller). Schöne alte Häuser im Ortskern, darunter die Herbstenburg (um 1500). Im ehemaligen Grand Hôtel befindet sich das Informationszentrum des Naturparks Drei Zinnen mit einer Dauerausstellung zum UNESCO-Welterbe Dolomiten (geöffnet Mai bis Oktober Dienstag bis Samstag 9.30–12.30, 14.30–18 Uhr, Juli und August auch sonntags, dazu am Donnerstag bis 22 Uhr).
Im Ortsteil Altschluderbach kleiner Wildpark (geöffnet Mitte Juni bis Anfang Oktober). Im Trenkerhof verbrachte Gustav Mahler 1908–1910 die Sommermonate; zu besichtigen sind die Gustav-Mahler-Stube und sein winziges Komponierhäuschen.
Tourismusverein Toblach
Dolomitenstraße 3
I-39034 Toblach
Tel. +39/0474/972 132
www.drei-zinnen.info

Überregionale Tourismus-Informationen:
www.suedtirol.info / www.suedtirol.com
www.dolomiten.net / www.pustertal.com

Drei Zinnen.

REGISTER

IMPRESSUM

1. Auflage 2021 Verlagsnummer 5719 ISBN 978-3-99121-108-2

Text und Fotografie: Eugen E. Hüsler und Manfred Kostner

Titelbild: Der Pragser Wildsee
(Foto: © Manfred Kostner)

Bildnachweis: Alle Bilder stammen von den Autoren.
S. 3: Firn und Fels im innersten Ahrntal: die Berge rund um die Birnlückenhütte

Grafische Herstellung: Raphaela Moczynski
Wanderkartenausschnitte: © KOMPASS-Karten GmbH
Kartengrundlage für Gebietsübersichtskarte S. 10–11, U4:
© MairDumont, D-73751 Ostfildern 4

Alle Angaben und Routenbeschreibungen wurden nach bestem Wissen gemäß unserer derzeitigen Informationslage gemacht. Die Wanderungen wurden sehr sorgfältig ausgewählt und beschrieben, Schwierigkeiten werden im Text kurz angegeben. Es können jedoch Änderungen an Wegen und im aktuellen Naturzustand eintreten. Wanderer und alle Kartenbenützer müssen darauf achten, dass aufgrund ständiger Veränderungen die Wegzustände bezüglich Begehbarkeit sich nicht mit den Angaben in der Karte decken müssen. Bei der großen Fülle des bearbeiteten Materials sind daher vereinzelte Fehler und Unstimmigkeiten nicht vermeidbar. Die Verwendung dieses Führers erfolgt ausschließlich auf eigenes Risiko und auf eigene Gefahr, somit eigenverantwortlich. Eine Haftung für etwaige Unfälle oder Schäden jeder Art wird daher nicht übernommen. Für Berichtigungen und Verbesserungsvorschläge ist die Redaktion stets dankbar. Korrekturhinweise bitte an folgende Anschrift:

KOMPASS-Karten GmbH
Karl-Kapferer-Straße 5, A-6020 Innsbruck
www.kompass.de/service/kontakt

FSC
www.fsc.org
MIX
Papier aus verantwortungsvollen Quellen
FSC® C015829